初心者から使える

超実践的

ベトナム語

基本フレーズ

富山篤

ask

はじめに

　ベトナムは年々身近な国になっています。技能実習や留学で来日するベトナム人は急増し、コンビニエンスストア、外食店など多くの場所で見かける機会も増えました。しかし、ベトナム語は身近になったでしょうか？　日常的にベトナム語に触れる機会がなかなかないので、「ありがとう」すら言えない人が多いと思います。

　2018年9月、新聞社のハノイ特派員だった私は『現地駐在記者が教える　超実践的ベトナム語入門』を出版させていただきました。「通じること」に重点を置き、初めての学習者でも楽しく取り組めるように、ITや語呂合わせを活用した私なりの学習法、実体験を紹介しました。多くの反響をいただき、日本人のベトナム語学習者が増えていることを肌で感じました。

　一方で、一部の読者の方からは「初心者には内容がやや難しい」「なかなか話せるようにならない」とのお声もいただきました。そこで、学び始めの方でも簡単にベトナム人とコミュニケーションできるフレーズ集が作れないか、と考えました。

　前作で好評だった「IT活用法」「超カタカナ表記」「発音のコツ」などは踏襲しつつ、会話の場面を具体的にイメージしたフレーズ集にしました。旅行や生活の場面だけでなく、職場でベトナム人と接する機会が多い方々が、同僚や研修生と良好な関係を築けるよう、コミュニケーションに役立つフレーズや、2019年4月に新設された在留資格「特定技能」全14業種とベトナム人労働者が多いコンビニでよく使われるフレーズ・専門用語も網羅しました。また、無料のダウンロード音声はスマートフォンでもダウンロードできます。ベトナム語のみと、日本語→ベトナム語の2種の音声を収録しましたので、移動中などでも本なしで学習していただけます。

　本書では、1章で会話でよく使う文の20のパターンを学び、それをもとに2〜4章でいろいろな場面のフレーズを練習します。いずれも、フレーズの単語

を入れ替えるだけで表現が言えるように設計しましたので、初学者でもベトナム人とすぐ会話できます。

　フレーズ集の学習を通じ、ベトナム語で会話する喜びを知っていただきたいです。通じれば面白くなり、さらに勉強したくなるはずです。完全に通じなかったとしても、相手の母国語で会話しようと努力する姿勢は伝わります。ベトナムに留学・駐在する方、ベトナム人と一緒に働いている方、ベトナム人と友達になりたい方にとって、本書はきっと便利な一冊になると思います。

　企画、執筆に際し、ヌイチュック杉良太郎日本語センターの元日本語教師で、現在は人材会社、HIMAWARI サービス（ハノイ）の社長を務めるグエン・トゥイ・リン（Nguyễn Thùy Linh）先生に多大なるアドバイスをいただきました。リン先生の日本語およびベトナム語の造詣の深さと高い説明能力が大いに参考になりました。本当にありがとうございました。

2021 年 3 月 25 日
日本経済新聞社企業報道部次長（元ハノイ支局長）　富山篤

横浜国立大学で研修中の日越大学のベトナム人大学院生らを日経新聞に招待
（2019 年 11 月、前列中央が筆者）

目次

第1章　基本表現　黄金フレーズ20

第4章　仕事編

第5章　現地お役立ち編

索引

本書の使い方

　本書では、旅行や留学、駐在などのベトナム滞在でも、同僚や友人、研修生など国内に滞在するベトナム人とのコミュニケーションにもすぐに役立つフレーズを学べます。学んだベトナム語が実際に使えるように、実践的な内容と学習方法を提示しています。新聞社のハノイ支局で駐在員をしていた著者ならではの現地情報やアドバイスも随所にありますので、ぜひ参考になさってください。発音や文法については、姉妹書の『現地駐在記者が教える　超実践的ベトナム語入門』に詳しく書かれていますが、本書では重要なポイントのみ序章で解説しています。また、1章の各レッスンでは簡単文法解説も入れました。

　本書のベトナム語はハノイの北部ベトナム語を使用していますが、序章の発音学習部分では一部、南部の発音も収録しています。最初は「カタカナ表記」も参考にしながら口や耳をならしてください。ベトナム語の下に付属の赤シートを当て、ずらして使用していただくと「カタカナ表記」を消すことができます。

第1章　基本表現　黄金フレーズ20

　ベトナム語を話すのに欠かせない20の基本表現（黄金フレーズ）をマスターします。文法事項を確認し、音声を聞いて練習しましょう。慣れたら、ベトナム語のところを隠して言ってみましょう。

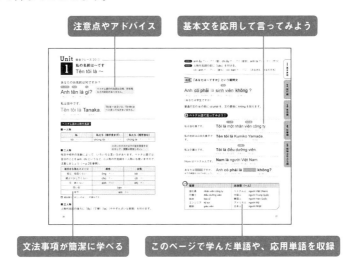

第2章　旅行編　第3章　生活編

　場面別によく使われるフレーズの発話練習をしましょう。「ベトナム語で言えると便利」な状況を選びました。覚えたい表現を重点的に練習してください。メニュー、街の中などのイラスト付き単語学習ページもあります。

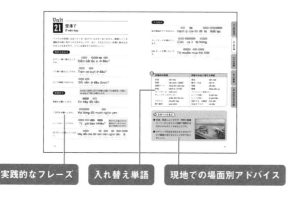
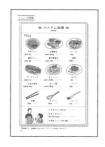

実践的なフレーズ　　入れ替え単語　　現地での場面別アドバイス

旅行や現地滞在で役立つ単語をイラストつきで学べる

第4章　仕事編　第5章　現地お役立ち編

　「仕事編」は、前半で職場でのコミュニケーションに役立つ表現を収録しています。4章後半には、特定技能14業種を含む、業種別に自己紹介、指示、注意喚起など仕事場で使える表現を収録。右側の単語を入れ替えて使えるようになっています。5章は知っておくと便利な情報がたくさん学べます。

4章後半：現場で役立つ業種別フレーズ

5章：看板や標識の読み方を解説

指差しでも使える単語

※本書に掲載している情報は、2020年12月時点のものです。

本書の例文への表記について

①超カタカナ式発音表記

　初心者の方にも使っていただけるよう、ベトナム語の文の下にカタカナを振っています。著者が経験から考案した通じやすい「超カタカナ表記」です。慣れたら、カタカナを見ないで発音しましょう。

②意味ルビ【日本語訳と英語訳】

　本書ではいちいち辞書を引かなくてよいように、文の上に単語の意味ルビをつけています。その際、日本語と英語を併用しています。それは単語によって日本語で意味が通じるものと、英語の方が言葉のニュアンスが伝わりやすいものがあるからです。例えば「〜で」と言った場合、場所、手段、理由などいろいろな意味にとれてしまいます。例の Ở などは at などと言った方が伝わりやすくなります。

③意味ルビ【漢越語】

　漢越語は中国語を語源とするベトナムの単語です。19世紀頃までベトナム語を表記するるために「チュノム（Chữ Nôm）」と呼ばれる漢字をベースにした文字が使われており、漢越語はほぼ漢字で表現することができます。漢字が分かる日本人にとって、単語を記憶する上で大きな利点となります（例：漢越語では、スーパーは【超市】、トイレは【衛生】になります）。ただし、チュノムには様々な研究があり、どれが正解と言いにくいものもあります。筆者の判断で、言葉の意味と漢字が合致し、記憶しやすいものを選んでいることをお断りしておきます。

📥 ダウンロード音声の収録内容

　本書の序章（発音と文法学習部分）、1〜4章と5章の例文、4章の業種別基本単語、そして2〜3章の絵辞典の音声を無料ダウンロードできます。音声は、①ベトナム語のみ（リピートポーズ入り）②日本語→ベトナム語の2種あります。

音声ダウンロードのしかた

本書の音声は、パソコン、スマートフォンのどちらでもご利用いただけます。
ダウンロードは、アスク出版のサポートサイト（https://www.ask-books.com）と、オーディオ配信サービス audiobook.jp の両方より行えます。スマートフォン（iPhone, Android など）をご利用の方は、audiobook.jp のアプリを事前にダウンロードする必要があります。ダウンロードサービスの詳細は、下記をご参照ください。

https://audiobook.jp/exchange/ask-books　右の QR コードからもアクセスできます。
audiobook.jp アプリには、低速（50%）から高速（4倍）まで、音声の速度を変える機能もありますので、ぜひご活用ください。なお、audiobook.jp で音声をダウンロードされる場合は、シリアルコード「93797」を入力してください。

ベトナム語を話そう！

ベトナム語を話すメリット

　ベトナム語はハードルが高い言語の１つです。発音は難しいし、聞き取れないし、アルファベットに記号が組み合わさった文字も複雑です。しかし、外国人にとっての日本語はどうでしょうか？ 漢字、ひらがな、カタカナと３種類の文字があり、尊敬語、謙譲語、丁寧語で表現も変わります。ベトナム人など外国人は、そんな難しい日本語を必死に勉強して日本に来ています。

　ベトナム語を話すメリットは２つだと思います。**１つ目はベトナム人と仲良くなるきっかけになること**です。異国で外国人から日本語で話しかけられたら、どんな気持ちがするでしょうか？ 怪しい人も中にはいるかもしれませんが、悪い気持ちはしないと思います。片言だったとしても、相手の母国語を話すことは「あなたの国の文化を尊重しますよ」という意思表示になります。日本に働きに来ているベトナム人は農村部出身の貧しい人も多く、異国での新生活に対する不安でいっぱいです。そんなときに母国語で話しかけられたら、きっとホッとするのではないでしょうか？

　２つ目は特殊言語を使えることが自信につながることです。英語、中国語、韓国語といったメジャーな外国語が話せる日本人は皆さんの周りにたくさんいることでしょう。ではベトナム語を少しでも話せる人が何人いるでしょうか？ あいさつや基本的な会話だけだったとしても、ベトナム語を話せるということは全く知らない人からすれば「すごい」と思えるはずです。学習を続ければ上達し、就職などで有利になることもあるでしょう。

　2020 年 6 月時点における日本の在留外国人約 288 万人のうち、**ベトナム人は約 42 万人で中国（約 78 万人）、韓国（約 43 万人）に次いで３位**です。技能実習生が増えたことで近年、在留ベトナム人の伸びが著しいことに加え、2019 年 4 月、新たに在留資格「特定技能」が設け

日本の在留外国人でベトナムは３位
（2020 年 6 月末、法務省）

中国 27%
韓国 15%
ベトナム 15%
フィリピン 10%
ブラジル 7%
その他 26%

られました。2020年はコロナ禍に見舞われましたが、収束すればさらに増えることが確実視されています。

　コンビニエンスストア、外食店などでベトナム人を見かける機会が増えたと思いませんか？ 少子高齢化で労働者が減り続ける日本において、ベトナム人は貴重な戦力になっています。ベトナム語が話せるメリットが今後大きくなることは間違いないと言っていいでしょう。

簡単な英語を変換して話そう

　ベトナム語の文法は英語に似ています。以下の例文を見てください。

　詳細な説明はここではしませんが、いずれも「私は日本人です」という意味です。ベトナム語を単語別に見ると、「私、be動詞、人、日本」の意味で、文法構造は英語とほぼ同じです。一般動詞の文についても基本的に英語と同じ語順なので、単語さえ覚えれば「I go.（私は行く）→ Tôi đi.」のように変換し、文章が容易に作れます。

　ではどうやって変換するのか。Google翻訳をはじめとするITを活用すればいいのです。ブラウザやアプリでGoogle翻訳は無料で使えます。上の文を英語で入力すると、下のようにベトナム語が表示されます。スピーカーボタンを押せば正確な発音（標準語の北部発音）も聞けます。

日本語からベトナム語に変換すると、文法構造の違いから正確に訳されないことがあります。しかし、語順がほぼ同じ英語ならば高い確率で正確にベトナム語に翻訳されます。

　単語学習用には様々なベトナム語の辞書アプリが開発されています。ベトナム人の日本語学習者を対象にしたものがほとんどですが、ベトナム語を学ぶ日本人も問題なく使うことができます。どんなものがあって、どう活用すれば良いか、筆者の実体験に基づくノウハウを後述します。（→ p. 198 参照）

　「英語ができない」と嘆く人もいるかもしれません。心配は無用です。中学生レベルのごく初歩的な英文法がわかれば十分です。文が短ければ短いほど、言いたいことが伝わります。ベトナム語も簡単な単語を使って、初歩的な会話を確実に話せるようにすることが上達への早道です。

本書で学ぶ前におさえておきたいベトナム語の基本

[1] 文字——アルファベットを使うのでハードルは低い

　ベトナム語ではアルファベットを使います。タイ語、クメール語（カンボジア）、ミャンマー語などに比べればはるかに簡単です。ただ、母音の違い、声調（音の上がり、下がり）を示す記号があるので少し複雑な面はあります。

※グレー部分が母音、色文字は英語にない文字です。

A a アー	Ă ă アア	Â â アー	B b ベー	C c セー	D d ゼー
Đ đ デー	E e エー	Ê ê エー	G g ガー	H h ハッ(ト)	I i イー
K k カー	L l エロー	M m エモー	N n エンノー	O o オー	Ô ô オー
Ơ ơ オー	P p ペー	Q q クイー	R r エルー	S s エッスィー	T t テー
U u ウー	Ư ư ウー	V v ヴェー	X x イックシー	Y y イー	

＊子音については、実際の子音の発音の後ろに ơ を付けて発音するフォニックス（Phonics）読みも定着しています。bờ（ボー）、cờ（コー）、gờ（ゴー）といった感じです。k だけは類似音の c と区別するために「ka（カー）」と言います。

左ページの表には声調記号は入っていません。母音はこの中のグレーの色が
ついた部分のアルファベットと声調記号（5種類）が組み合わさります。

　母音に使われる文字にAと○が3種類あったり、Dがザ行だったりと戸惑う
かもしれませんが、慣れれば大丈夫です。発音については次の項で説明します。
ぜひ覚えておいてほしいことは「困ったらローマ字読みする」ということです。

Cho tôi một quả táo. （私にリンゴを1つください）

　全くベトナム語を知らない筆者の娘に上の文をローマ字読みしてもらった
ら、「チョー、トーイ、モット、クワ、タオ」と発音しました。声調なしの発
音でしたが、ベトナム人にもある程度通じると思われるレベルでした。

　母音の違い、声調の有無、ローマ字読みではない特殊な発音は徐々に覚えて
いけばいいです。まずはベトナム語で会話できる喜びを味わうことが大事です。
ただ、1つ是非皆さんにお願いしておきたいのは「**絶対に記号を省いてベトナ
ム語を書かない**」ということです。記号を省くと母音、声調に無頓着になり、
ベトナム語の上達を阻むことになりかねないと筆者は考えています。

[2] 発音の基本

① 母音

　通じるベトナム語を話すために最も大事なのは母音です。声調のほうが大事
だとおっしゃる方もいるかもしれませんが、声調は母音が発音できて初めて効
果を発揮します。本書は簡単なベトナム語会話が話せるようになることが主目
的であり、発音や文法の解説書ではありませんので、最低限必要なことを解説
します。

■ 発音に注意が必要な母音

　ベトナム語には11種類の母音があります。注意したほうが良い母音は以下
の通りです。

母音	発音	発音の注意	単語例
ă	ァア	小さいアから始まり、軽く上昇する ＊口はやや横に開く	năm（5、年） ナアム

â	ア	のどの奥の方でこもった音を出す ＊英語の【ə】に近い音	sân（庭） サァン tâm（心） タァム bận（忙しい） バッ
ư	ウー	イの口をしながらウを発音する ＊ウが80％、イが20％	thư（手紙） トゥフー sức（力） スック
ê	エー	のどの奥の方でこもった音を出す ＊エが80％、オが20％	dê（やぎ） ゼー nếu（もしも） ネゥ
ô	オー	のどの奥の方でこもった音を出す ＊口を丸く、閉じ気味に	tôi（私） トーイ cô（おばさん） コー
ơ	オー	オの口をしながらアを発音する ＊オが50％、アが50％	nơi（場所） ノイ cơm（ごはん） コム

■ **二重母音**

　2つの母音が連続して、ほぼ1つの母音となる「二重母音」があります。

二重母音	発音	単語例
ia	イーア	bia（ビール） ビーア
iê	イエ	riêng（別々に） ズィエン
yê	イエ	yên（安心な） イエーン
ua	ウーア	mua（買う） ムーア
uô	ウオ	uống（飲む） ウオング
ưa	ウア	đưa（連れて行く） ドゥア

ươ	ウオ	gương（鏡） グゥング

② 子音

　ベトナム語は困ったらローマ字読み、と解説しましたが、子音の中にはローマ字読みと違って、知らないと読めない読み方もあります。それを抜粋すると以下のようになります。（南部発音も収録しました。違いに注意して聞きましょう。）

■ **語頭（単語の冒頭）の子音**　*次に母音アが続くときの発音をカタカナ表記しています。

子音	発音*	注意点	単語例
x	サー	s と同じサ行の発音になる。	xa（遠い） サー
đ	ダー	ベトナム語特有の文字で英語の d の音。	đúng（正しい） ドゥング　南ドゥング
d	ザー	ダ行ではない。 *南部ではヤ行	da（皮膚、皮革） ザー　南ヤー
ph	ファー	英語の f の発音。少し唇を噛む。	phim（映画） フィーム
r	ザー	d と同じ音。 *南部ではラ行	rồi（すでに） ゾーイ　南ローイ
gi	ザー、 ズィー	「ジ」ではなく「ズィー」。 *南部ではヤ行	gì（何？） ズィー　南ィー
ch	チャー	北部発音では「チャー」。 * tr は中部など一部で「トゥルー」	chanh（レモン） チャイン　南チャン
tr			tranh（絵画） チャイン　南チャン
nh	ニャー	「ンニャー」と発音する感じ。	nhiều（たくさんの） ンニエウ　南ニウ
ng	(ン) ガー	頻出の子音。「ング」の感じ。	người（人） ングオイ　南ングイ
th	タハー	h の音を付加すると通じる。空咳するように空気を出す。	thích（好きだ） ティッ (ク)　南タッ (ク)
kh	カハー		không（〜でない） コ (ホ) ン

＊南部発音では母音が重なる場合（例：ai, uo, eu）、1 つの音になりがちです。

15

■ 語末（単語の最後）の子音

子音	発音	注意点	単語例
-m	ム	唇をしっかりと結ぶ。	xem（見る） セーム
-ng	ン（グ）	「グ」の口をしてほぼ発音しない。	tiếng（時間、言語） ティエング
-n	ンー	口を自然に閉じる。	tiền（お金） ティエン
-nh	イン	インの後に h の余韻を感じさせる。	nhanh（速い） ニャイン
-ch	ッ（ク）	「ク」をわずかに発音する感じ。	sách（本） サック
-c	ッ	「ク」はほぼ聞こえません。	các（おのおの） カッ
-p	ッ（プ）	「プ」をわずかに発音する感じ。	sếp（上司） セップ
-t	ッ（ト）	「ト」をわずかに発音する感じ。	bút（ペン） ブット

　語末の子音は複雑で、微妙な違いのように見えると思います。しかし、この注意点をしっかりと意識して発音すると、通じる確率が格段に上がります。

③ 声 調

　声調とは音の上がり下がりで、同じ文字でも違う意味になります。中国語がルーツであるベトナム語の特徴のひとつです。声調なしも含め6種類あります。

声調	読み方音	注意点	単語例
a	アー 	日本語より高い音から始め、平板に ＊しっかりと伸ばす	ba（3） バー xe（車） セー do（〜のために） ゾー to（大きい） トー

á	アァー↗	普通の高さから音を上昇させる *小さい同音を言い直す感じ	cá（魚）↗ カアァー lá（葉っぱ）↗ ラアァー cấm（禁じる）↗ カアァム xám（灰色）↗ サアァム
à	アァー↘	低めの高さから音を下降させる *小さい同音を言い直す感じ	bà（おばあさん）↘ バアァー bò（牛）↘ ボオォー đồng（銅、ドン）↘ ドオォング này（これ）↘ ナアァイ
ả	アァア	少し上げ気味から始め、下げたあと、しっかり上げる *がっかりした「あ〜ぁ」に近い	phở（フォー） フォオォ hỏi（尋ねる） ホォイ tỏi（にんにく） トォイ đổi（取り換える） ドォイ
ã	アァア↗	1回下がってからもだえながら上昇し最後は高音に *徐々に上昇させるのがポイント	não（脳） ナァオ↗ Mỹ（米国） ミィイ↗ cũng（〜も） クウゥング↗ mũ（帽子） ムウゥ↗
ạ	アッ	かなり低い音から始め、急ブレーキ *しっかりと息を止め、音を消すこと	bạn（友達） バンッ↓ bận（忙しい） バッ↓ sợ（恐れる） ソッ↓ nặng（重い） ナン↓

⭐ 声調は dấu（ゾゥ）または thanh（タイン）と言います。それぞれに名前があります。

声調記号の意味

a = không có dấu（記号なし） 　　à = dấu hỏi（質問） 　　á = dấu sắc（色）

ã = dấu ngã（転ぶ） 　　　à = dấu huyền（玄） 　　　ạ = dấu nặng（重い）

　ベトナム人はスペルを説明する時、声調も言うので、名称は必ず覚えましょう。

［3］ 基本文型

① be 動詞

　ベトナム語の文法は英語に似ています。be 動詞の基本の文型も英語とほとんど同じです。be 動詞に当たるベトナム語は là です。

■ **肯定文**（身分や立場を表す） 　là は意味的にイコールを表す。

文型	主語＋ là ＋身分や立場
例文	Tôi là người Việt （Nam）. トーイ ラー ングオイ ヴィエット （ナーム）
英語・日本語	I am Vietnamese.（私はベトナム人です）

■ **否定文** 　không phải が not の役割を果たす。

文型	主語＋ không phải là ＋身分や立場
例文	Tôi không phải là người Việt （Nam）. トーイ コホン ファイ ラー ングオイ ヴィエット （ナーム）
英語・日本語	I am not Vietnamese.（私はベトナム人ではありません）

■ **疑問文** 　có phải を直前に置き、文末に không を付ける。

文型	主語＋ có phải là ＋身分や立場＋ không?
例文	Em có phải là người Việt （Nam） không? エム コー ファイ ラー ングオイ ヴィエット （ナーム） コホン
英語・日本語	Are you Vietnamese?（君はベトナム人ですか？）

（注）em は年下の人（男女問わず）に対する人称代名詞。1 人称にも 2 人称にもなります。

〈英語との違い〉

　là は be 動詞と似た役割を果たしますが、英語と決定的に違うことがあります。それは①形容詞文では不要、②身分や立場以外（場所、存在を示す場合など）には使わないこと。例文で説明すると分かりやすいと思います。

	英語	ベトナム語
形容詞文	I am pretty. （私はかわいい）	Tôi đẹp. トーイ デップ ＊ Tôi là đẹp. にはならない。
場所・存在	You are at the station. （あなたは駅にいる）	Em ở nhà ga. エム オォ ニャー ガー ＊ ở は「（～に）いる」の一般動詞。

　là はベトナム人との会話で頻繁に登場します。身分や立場以外での使い方としては「実際のところ、～だ（thực ra là ～）」「言えることは～だ（có thể nói là ～）」などがあります。いずれもイコールの機能を果たします。

② 一般動詞

　ベトナム語の一般動詞は英語と同じ「主語＋動詞」の語順で使います。活用、時制の変化はありません。**未来形や過去形は助動詞で表現します。**否定文と疑問文は là の場合から phải を抜いた形になります。

■ **肯定文**

文型	主語＋動詞
例文	Tôi ăn. トーイ アン
英語・日本語	I eat.（私は食べる）

■ **否定文**　không が not の役割を果たす。

文型	主語＋ không ＋動詞
例文	Tôi không ăn. トーイ コホン アン
英語・日本語	I do not eat.（私は食べません）

■ **疑問文**　có を直前に置き、文末に không を付ける。

文型	主語＋ có ＋動詞＋ không？
例文	Em có ăn không？ エム コー アン コホン
英語・日本語	Do you eat?（あなたは食べますか？）

[4] 時制

■ 時制の助動詞

動詞の前に付けるだけで時制を表すことができます。

過去	近過去	現在進行	近未来	未来
đã ダアァ	vừa / mới ヴア／モイー	đang ダン	sắp サップ	sẽ セェエ

Tôi **đã** ăn.　（私は食べました）

Tôi **vừa** ăn.＊　（私はついさっき食べました）

Tôi **đang** ăn.　（私はいま食べています）

Tôi **sắp** ăn.　（私はいま食べようとしています）

Tôi **sẽ** ăn.　（私はこれから食べます）

＊ ăn xong（eat + finish 食べ終わった）ということも多い。

■ 完了・経験を聞く疑問形

ベトナム語では完了または経験を聞く疑問文がよく出てきます。会話の幅が
グッと広がりますので、覚えておきましょう。

	文型	答え方 （完了・経験どちらの文でも）
完了	文末に chưa を付ける。 Anh ăn cơm chưa? アィン アン コム チューア （ごはん食べましたか？）　※挨拶としても使われます。	（完了・経験済み） Rồi. ゾーイ
経験	動詞の前に đã từng、文末に chưa を付ける。 Em đã từng đi　Mỹ chưa? エム ダア トゥン ディー ミイィ チューア （君はアメリカ行ったことある？）	（未完了・未経験） Chưa. チューア

⭐ anh は年上の男性に対する人称代名詞。女性の場合は chị を使う。

　本書では、「あなた」というとき、anh（男性）または chị（女性）を、「君」（年
下）というときは em を主に用いています。フレーズを実際の場面で使うとき
は相手に合わせた表現を使いましょう。

第1章

基本表現
黄金フレーズ 20

シーン別の表現を学ぶ前に
ベトナム語を話すうえで絶対必要な
20 の黄金フレーズをマスターしましょう。
単語を入れ替えていけば、
いろいろな場面で使えますよ。

Unit

0 ★ これは便利！ ∿∿∿∿∿∿∿∿∿∿∿∿∿∿∿∿∿∿∿∿∿

ひと言ベトナム語

∿∿

ひと言で意思や気持ちが伝わる便利なフレーズを学習します。ベトナム語の口慣らしとして声に出して言ってみましょう。

こんにちは。 （さようなら）	年上男性　年上女性 **Chào anh [chị].** チャオ　アイン　[チッ]

⭐ 相手の性別、年上かどうかなどによって、anh（年上男性）/ chị（年上女性）/ em（若い人）/ bạn（同世代）などの人称代名詞を加えます。初対面のときやお店を除き、Xin chào. はあまり使いません。

お元気ですか？	年下の人　　　　元気な **Em có khỏe không?** エム　コー　コエー　コ（ホ）ン

⭐ 年下のベトナム人に話しかける場合の言い方です。年上の相手には、anh / chị を使いましょう。

元気ですよ。あなたは？	元気な　　　一方で **Tôi khỏe. Còn chị [anh]?** トーイ　コエー　　コン　チッ　[アイン]

ではまた。 = See you.	会う　また **Hẹn gặp lại.** ヘン　ガップ　ライ

⭐ 日常の別れの挨拶です。

はじめまして。 （よろしくお願いします） = Very happy to meet 　you.	very　happy　　　　meet　年下男女 **Rất vui được gặp em.** ザット　ヴイ　ドゥオック　ガップ　エム

何ておっしゃいました? = What? / Pardon?	何を **Cái gì cơ? /** カイ　ズィー　コー 言う　何 **Anh nói gì ạ?** アィン　ノイ　ズィー　アッ

★ 聞き返すときに使います。

すみません。 (声をかけるとき) = Excuse me.	年上男性　年上女性 **Anh [chị] ơi.** アィン　[チッ]　オーイ

★ 相手が年下でも、知らない人や親しくない人には Em ơi. と言わない方がいいです。これは店員や部下を呼ぶときによく使う言葉です。

すみません。 (ぶつかったときなど) = I'm sorry.	sorry **Tôi xin lỗi.** トーイ　シン　ローイ

👆 One Point Advice

ベトナム語では話す相手の年齢、立場によって主語が変わります。英語の I や you のように一人称(私)、二人称(あなた)が決まっていません。万能の 1 人称である tôi だけはいつでも一人称ですが、フォーマルな言葉で、やや堅い 印象を相手に与えてしまいます。詳細は後述しますが、**同い年以下のベトナム人と話すときは男性ならば anh、女性は chị を一人称とし、相手(二人称)は性別にかかわらず em で呼ぶのが妥当**だと思われます。

ありがとうございます。	(Thank) (you) **Cảm ơn anh [chị / em].** カァム　オン　アィン　[チッ　/　エム]

☆ Cảm ơn. と人称代名詞を付けなくても通じるのですが、冷たい印象になります。人間関係を重視するベトナムの文化です。強い感謝を示すときは主語も加えて Tôi [Em] cảm ơn anh. といった言い方になります。※南部、中部では「cám ơn」と書く人も多いです。

どういたしまして。 = Not at all.	**Không sao.** コ（ホ）ン　サオ

だいじょうぶですか。 = Are you OK?	**Em có sao không?** エム　コー　サオ　コ（ホ）ン

問題ないです。 = No problem.	(problem) **Không vấn đề gì đâu.** コ（ホ）ン　ヴァン　デー　ズィー　ドゥ

☆ この表現は「トラブルがない」、という事実を表しています。「話している人の気分に問題がない（英語の Never mind.）」は Không sao. になります。đâu は強調表現。

必要ないです。 = No thank you.	(need) **Không cần đâu.** コ（ホ）ン　カン　ドゥ

どうぞ。 = Help yourself. / 　Come in.	(招く) **Xin mời.** シン　モイ

お願いします。 = Yes, please.	**Làm ơn.** ラァム　オン

⭐ please の意味です。主語を加え、後ろに文章を続けると「〜してください」になります。
Anh làm ơn nói chậm hơn.（ゆっくり話してください）

もちろんです。 = Of course.	**Đương nhiên (rồi).** ドゥオン　ニエン　（ゾーイ）

本当? = Really?	(true) **Thật không?** タ（ハ）ット　コ（ホ）ン

すごくいいですね。 = Great. Wonderful.	(とてもよい) **Tuyệt vời.** トゥイエット　ヴォーイ

わかりません。 = I don't understand.	(理解する) **Tôi không hiểu.** トーイ　コ（ホ）ン　ヒエウ

わかりました。 = I see.	(理解する) **Tôi hiểu (rồi).** トーイ　ヒエウ　（ゾーイ）

ベトナム語では動作の完了を示すこの単語（rồi）を
よく使います。なくても通じますが、あったほうが
自然です。

Unit

1

黄金フレーズ 20 ①

私の名前は〜です

Tên tôi là 〜

あなたのお名前は何ですか？

年上男性　名前　　何

Anh tên là gì?

アィン　　テン　　ラー　ズィー

> ベトナム語の代名詞は主格、所有格
> などの区別がありません。

私は田中です。

Tên tôi là Tanaka.

テン　　トーイ　ラー　　タナカ

> Tôi là 〜あるいは、Tôi tên là
> 〜と言ってもかまいません。

ベトナム語の人称代名詞

■一人称

私	私たち（相手含まず）	私たち（相手含む）
tôi　トーイ	chúng tôi　チュング トーイ	chúng ta　チュング ター

> 小さいカタカナはその音を発音する
> 口をして、実際は発音しない。

■二人称

性別や相手の年齢によって、いろいろな言い方があります。ベトナム語では、自分のことを anh、chị というなど、二人称の代名詞を一人称にも使いますので、注意しましょう（→ p.28 参照）。

自分から見たイメージ	男性	女性
祖父、祖母くらい	ông　オング	bà　バー
親より少し下くらい	chú　チュー	cô　コー
兄、姉くらい	anh　アィン	chị　チッ
同い年	bạn　バンッ	
年下	em　エム	

★ 絶対覚えてほしいのは　　　の部分です。

■三人称

人称代名詞の後ろに「ấy」（丁寧）「ta」（ややぞんざいな表現）を付けます。

26

(単数形) anh ấy アィン アイ（彼）、chị ấy チッ アイ（彼女）、anh ta アィン ター（やつ）

(複数形) 人称代名詞の前に「các」を付ける。

các anh カッ アィン（彼ら）、các bạn カッ バンッ（みなさん、あなたたち）

(応用) 「あなたは〜ですか」という疑問文

（学生）

Anh có phải là sinh viên không ?

アィン コォー ファアイ ラー スィン ヴィエン コ（ホ）ン

（あなたは学生ですか）

普通の文の là の前に có phải を、文の最後に không を加えます。

🎙 ベトナム語で言ってみよう！

私は会社員です。	（1人の） （会社員） **Tôi là** một nhân viên công ty. トーイ ラー モッ ニャン ヴィエン コン ティ
私の名前は山田久美子です。	**Tên tôi là** Kumiko Yamada. テン トーイ ラー クミコ ヤマダ
私は介護士です。	（介護士） **Tôi là** điều dưỡng viên. トーイ ラー ディエウ ズオンー ヴィエン
Nam はベトナム人です。	**Nam là** người Việt Nam. ナーム ラー ングオイ ヴィエッ ナーム
あなたは ▢ ですか。 ※下の単語を入れてみましょう。	**Anh có phải là** ▢ **không?** アィン コー ファイ ラー コ（ホ）ン

職業		出身国（〜人）	
会社員	nhân viên công ty	ベトナム人	người Việt (Nam)
介護士	điều dưỡng viên	中国人	người Trung Quốc
医師	bác sĩ	韓国人	người Hàn Quốc
エンジニア	kỹ sư	アメリカ人	người Mỹ
教師	giáo viên	日本人	người Nhật

column

二人称が一人称にもなる？

「私はあなたを愛しています（I love you.）」。この文章で二人称は「あなた（you）」で、一人称は「私（I）」です。日本語も英語も、一人称、二人称を示す言葉が決まっていて、見た瞬間に分かります。しかし、ベトナム語では違うのです。「私」が tôi になるとは限りません。

love
Anh yêu em.

　もし、この文章が男性の発したものならば、Anh は自分のことを指し、「私はあなたを愛しています」になります。しかし、女性が言ったものだった場合（年齢に関係なく、女性は彼氏に対して自分のことを em と言います）、「あなたは私を愛しているわよね」という意味になります。最初の文と次の文で一人称と二人称が入れ替わっています。（実際の会話では Anh yêu em? のように疑問文になることが多いですが）

　実は日本語でもこうした現象は起きています。「お母さん」「お兄ちゃん」といった年上を表す人称代名詞のときです。「お母さん（you）がお風呂洗うんでしょ？」といった場合、お母さんは二人称になります。それに対してお母さんが「お母さん（I）は忙しいのよ」と反論したら、一人称ですよね？

　ベトナム語では相手と疑似的な家族関係を作り、その関係に基づいて人称代名詞を選ぶのです。相手が自分から見てどの世代の人なのかを見極めて、前ページのイメージに合った人称代名詞を選択してください。

　基本は男性なら一人称が anh、女性なら chị。二人称は em か bạn で大丈夫です。ベトナム語が上達するほど、筆者が言いたいことが分かってくるはずです。

column

日本人悩ます「君の名は？」
——カタカナ読みの統一ルール必要

　2020年10月、東京・新宿のドラッグストアで万引きしたとして20歳代のベトナム人男性が誤認逮捕されていたことが分かりました。防犯カメラの映像を、この男性が清掃員として勤務するホテルの関係者に見せたことが逮捕の決め手。しかし、"真犯人"は同じ職場の別のベトナム人でした。同じ国の人は外見が似ていることがよくあります。ベトナム人は名前まで似ていることが多く、間違いは起きやすいです。

　ベトナム人の名字は約4割が「グエン」。19世紀から20世紀半ばまであった王朝「阮」が語源です。グエンさんだらけで名字では判別しにくいので、ベトナムでは名前（ファーストネーム）で呼びます。ただ、名前の見分け方が少し複雑です。

　ベトナム人の名前は「名字、ミドルネーム、名前」の順。首相のグエン・スアン・フック氏は「フックさん」と呼びます。女性は、ミドルネームが2つ入った4語からなる氏名も多いです。16年から女性初の国会議長を務めるグエン・ティ・キム・ガンさんは最後が名前で「ガンさん」になります。

　さらに複雑なのはカタカナ読み。母音が11個あるベトナム語はカタカナ表記が難しいです。アとオの発音は各3種類あります。マレーシアで北朝鮮の金正男氏暗殺の実行役として逮捕された女性（後に釈放）を日本メディアはドアン・ティ・フォンさんと報道しました。名前Hươngの発音は〔huon（フオン）〕が近く、〔fon〕ではありません。

　名前を覚えてあげることは仲良くなる第一歩。地域や職場でベトナム人が孤立しないようにすることにもつながります。ベトナム人の名前の呼び方の法則を理解し、日本人が発音、記憶しやすいようにカタカナ読みの統一ルールを作ることは重要ではないでしょうか（ベトナム人の名前については、Unit 66に詳しく書かれています）。

〜をください
Cho tôi 〜

（グラス 1 杯の）水をください。

① **グラス** **水**
Cho tôi một ly nước.
チョー　トーイ　モッ　リー　ヌオック

> một ly nước は英語で言えば a glass of water。ly は li と表記する場合も。

Cho はその後ろに続く人にとってプラスとなることを「あげる、してあげる」という意味の動詞です。文頭に Cho tôi ＋名詞がくると、「私に〜をください」という意味になります。tôi の部分はほかの代名詞にも置き換えられます。

Cho + 人 + 名詞

私たち **コーヒー**
Cho chúng tôi cà phê.
チョー　　チュング　トーイ　カー　フェー

> chúng tôi は相手を含まない「私たち」の意味。

（私たちにコーヒーをください）

Plus1 〜させてください

Cho tôi のあとに動詞がくると「私に〜させてください」という意味になります。

Cho + 人 + 動詞

meet **年上男性**
Cho tôi gặp ông Tada.
チョー　トーイ ガッ（プ）オング　　ターダー

（多田さんに会わせてください）

類似表現 「〜が欲しい」というときの表現

ティッシュペーパー

Tôi muốn khăn giấy. （ティシュペーパーが欲しいです）
トーイ　ムオン　カーン　ザイー

★ muốn は英語の want と同様、「〜が欲しい、〜を望む」という意味の動詞です。後に動詞を続けると「〜したい」と言う意味になります（→ Unit 7）。muốn の発音は極端に言うと、「ムワン」に近いです。

🎤 ベトナム語で言ってみよう！

パンをください。

パン

Cho tôi cái bánh mì.
チョー　トーイ カイー　バイン　ミー

*cái は物を表す名詞の前につく類別詞。(→ Unit 3)

地図を1枚ください。

1つの　　　　　地図

Cho tôi một cái bản đồ.
チョー　トーイ　モッ　カイー バーン ドー

私たちにチョコレートをください。

我々　　　　チョコレート

Cho chúng tôi sô cô la.
チョー　　チュング トーイ ソ　コ ラー

ペンが欲しいです。
*cây は細長いものに使う類別詞。

ペン

Tôi muốn cây bút.
トーイ　ムオン　カイー　ブッ

この新聞を読ませてください。*tờ は新聞に使う類別詞。

読む　　　新聞　この

Cho tôi đọc tờ báo này.
チョー トーイ ドック トー　バオ　ナイ

📢 **日常生活の単語**

パン	bánh mì	会う	gặp
ごはん（米飯）	cơm	新聞を読む	đọc tờ báo
チョコレート	sô cô la	使う	sử dụng / dùng
地図	bản đồ	考える	suy nghĩ
ボールペン	bút bi	質問する	hỏi
ティッシュペーパー	khăn giấy	電話する	gọi điện (thoại)

これは〜です
Đây là 〜

これはパンです。

類別詞 / パン

Đây là cái bánh mì.
ダイ　ラー　カイー　バイン　ミー

> 類別詞とは「モノ」の種類を表し、日本語の「個」「冊」「本」などに相当します。Cái は生き物でなく、物体を表す類別詞。

Đây は英語の This に当たる最も使用頻度が高い指示代名詞です。「これ」以外にも「ここ（Here）」「こちら（この人）」の意味にもなります。

ホテル〔客様〕

Đây là khách sạn. （ここはホテルです）
ダイ　ラー　カ(ハ)ック　サンッ

年上男性

Đây là anh Kobayashi. （こちらは小林さんです）
ダイ　ラー　アィン　コバヤシ

いろいろな指示代名詞

これ（ここ、こちら）、あれ（あそこ、あちら）、それ（そこ、そちら）

	これ	あれ	それ
モノ	đây	kia	đó / nó
場所	đây	kia	đó
人	đây	kia	đó

※人に対して nó を使うと「あいつ」のような悪い意味になってしまいます。
　類別詞 cái を使った言い方は Unit 4 参照。

アオザイ

Kia là cái áo dài. （あれはアオザイ〈民俗衣装〉です）
キア　ラー　カイー　アオ　ザーイ

⭐ chiếc という類別詞を使うことも。ベトナム語の類別詞は複雑なので初心者のうちは cái。

類似表現 cái（物を表す類別詞）を使った言い方

（テレビ）

Cái này là tivi. （これはテレビです）

カイー　ナイー　ラー ティヴィ

Cái này は直訳すると「このもの」ですから、「これ」になります。Cái を使え
ば場所や人でないことが確定します。テレビなどのモノの前にも類別詞がつき
ますが、場所や建物には付きません。次の Unit でも説明します。

🎙 ベトナム語で言ってみよう！

これは自転車です。	（自転車） **Đây [Cái này] là xe đạp.** ダイ　［カイー　ナイー］ ラー セー ダップ
あそこは博物館です。	（博物館） **Kia là bảo tàng.** キア ラー バオ タァング
そちらはリンさんです。	**Đó là cô* Linh.** ドー ラー コー　　リン

* cô は少し年上の女性を指す人称代名詞。

これはレストランです。	（レストラン） **Đây là nhà hàng.** ダイ ラー ニャー　ハーン
あれが空港です。	（空港） **Kia là sân bay.** キア ラー サン　バイ

場所の単語		身の回りの物	
博物館	bảo tàng	自転車	xe đạp
レストラン	nhà hàng	バイク	xe máy
空港	sân bay	パソコン	máy tính
トイレ	nhà vệ sinh	パスポート	hộ chiếu
警察	cảnh sát	財布	(cái) ví

Unit
4

黄金フレーズ20 ④

〜は何ですか？
〜 là gì?

これは何ですか。

Đây là (cái) gì?
ダイ　ラー　（カイー）　ズィー

> Đây には「これ」のほか、「ここ (here)」の意味もある。(→ Unit 3)
> （　）内は省略できる語です。

---

gì は、「何」という疑問詞です。語順に注意しましょう。**ベトナム語では5W1H が文末に来ることが多い**です。

物 + là + (cái) gì ? (what)

cái は生きていないものを示す類別詞で、その直後に「何（what）」を意味するgì が来るので、なんらかの物（概念含む）であることが明確になります。

類別詞とは：日本語でも「匹」「冊」「台」など何かを数えるときに特定の類別詞を付けます。ベトナム語はその種類がとても多いです。その理由は発音が似た単語が多いので、cái bút といった形で類別詞とセットにすることで聞き間違いを防ぐためと思われます。まず、<u>無生物には cái、生物には con</u> の 2 種類だけ覚えましょう。

類似表現 **主語に類別詞を使う場合**

基本文と同じ意味で、主語に類別詞が入り、「このもの［これ］は何ですか」という聞き方もあります。答え方も学びましょう。

（もの）（この）
Cái này là gì?
カイー　ナイー　ラーズィー

（これは何ですか？）

（それ）　　　（ボールペン）
—Nó là (cái) bút bi.
ノー　ラー　（カイー）　ブット　ビー

（—それはボールペンです）

■ 物を表す指示代名詞（形があるもののみ）

これ	それ	あれ	どれ
cái này カイー　ナイー	cái đó カイー　ドォー	cái kia カイー　キーア	cái nào カイー　ナーオ

nó※ノォー

34

Plus1 「何の〜ですか」と言うとき

Đây là と gì の間に名詞を入れれば OK です。

(通り)

Đây là phố gì? (これは何通りですか)
ダイ　ラー　フォー　ズィー

🎤 ベトナム語で言ってみよう！

あれは何ですか。	**Cái kia là gì?** カイー キーア ラー ズィー
それは何ですか。	**Nó là cái gì?** ノー ラー カイー ズィー
── それはパソコンです。	(パソコン) **―Nó là cái máy tính.** ノー ラー カイー マイー ティン
何の (種類の) お茶ですか。	**Đây là trà (loại) gì?** ダイ ラー チャー (ロアイッ) ズィー
── 蓮茶です。	(蓮茶) **―Nó là trà hoa sen.** ノー ラー チャー ホア セン

> お茶自体は数えられないので類別詞は付かない。

⭐ gì の前に loại (種類) を挿入すると「何の種類」のニュアンスが強くなり、英語の which (どの) に近くなります。

🔵 **いろいろな名詞**

パソコン	(cái) máy tính	猫	(con) mèo
お茶	trà	犬	(con) chó
都市	thành phố	動物	động vật
料理	món ăn	本	(cuốn) sách
パン	(cái) bánh mì	仕事	công việc【工役】
財布	(cái) ví	※ cuốn も類別詞	

⭐ 文中では類別詞 cái、con、cuốn を入れて言ってみましょう。

Unit 5

形容詞文（〜が…です）
主語 + (thì) + 形容詞

私は疲れた。

Tôi mệt (mỏi).
疲れた

トーイ　メット　（モォイ）

> mỏi を加えると、「精神的に疲れている」
> という意味になる。

花がきれいです。

Hoa (thì) đẹp.
ホア　（ティ）　デップ

> ベトナム語は名詞を後ろから修飾します。「きれいな花」も hoa đẹp なので、thì を入れると「主語＋述語」と明確になります。

形容詞文は主語の後に形容詞を続けるだけです。イコールを表す là を使いたくなりますが、不要です。

疑問文　**主語** + có + **形容詞** + không?

Em có khỏe không? （元気ですか？ = How are you?）
元気な

エム　コー　コエー　コ（ホ）ン

否定文　**主語** + không + **形容詞**

> 単語には類別詞を付けることが多いです。（→ Unit 3）

類別詞　象　小さい

Con voi không nhỏ. （その象は小さくないです）
コン　ヴォイ　コ（ホ）ン　ニョォオ

名詞を修飾する時　**名詞** + **形容詞**

> 川、道路など、一部の単語は無生物でも生き物を表す類別詞 con を使います。

類別詞　家　小さい　　　　　類別詞　川　大きい

(cái) nhà nhỏ　　　　(con) sông lớn
（カイー）　ニャー　ニョォオ　　　（コン）　ソン　ロォン

（小さな家）　　　　　　　　（大きな川）

Plus1 **便利な副詞** (ベトナム語では形容詞とセットでよく使う)

表現	意味（英語）	例文
rất ザット	とても （very）	Có **rất** nhiều người. （たくさんの人がいる）
quá【過】 クワー	過ぎる （too）	Miền nam nóng **quá**. （南部は暑すぎだね）
hơi ホイ	ほんの、いささか （a bit. somehow）	Phòng này **hơi** lạnh. （この部屋はいささか寒い）
một chút モット チュット	少し （a little）	Anh ấy đang giận **một chút**. （彼は少し怒っている）
lắm〈否定文〉 ラァム	あまり〜ない （not so 〜）	Không có nhiều **lắm**. （あまりないです）

⭐ lắm は肯定文では「とても」の意味になります。

🎙 ベトナム語で言ってみよう！

あの本は面白いですか？ Cuốn sách kia **có** hay **không**?
クオン サック キア コー ハイ コ（ホ）ン
（本）（面白い）

おなかすいた？ Em **có** đói **không**?
エム コー ドーイ コ（ホ）ン
（空腹な）

——あまり減ってません。 —Em **không** đói **lắm**.
エム コ（ホ）ン ドーイ ラァム

この料理は少し辛いね。 Món ăn này **hơi** cay **một chút**.
モーン アン ナイー ホイ カイー モット チュット
（料理）（辛い）

⭐ hơi と một chút はほぼ同じ意味だが、同時に使って意味を強調している。

🔍 いろいろな形容詞ほか

きれいな、美しい	đẹp	南部	miền nam
疲れている	mệt (mỏi)	暑い	nóng
元気である	khỏe	寒い	lạnh【冷】
小さい	(bé) nhỏ	怒る	giận
大きい	lớn / to	面白い、楽しい	hay / thú vị【趣味】

37

Unit 6

黄金フレーズ 20 ⑥

～がありますか [持っていますか]？
Có ～ không?

腕時計はありますか [持っていますか]？

> 類別詞の cái は会話では省略
> されることも多いです。

腕時計
Có (cái) đồng hồ không?
コー　（カイー）　ドーン　ホー　コ（ホ）ン

> 腕時計は類別詞 chiếc を
> 使うことも多いです。

có は「ある」「いる」「持っている」の 3 つの意味を持つ最重要動詞の 1 つ。
意味は文脈によって変わります。

誰か
Có người nào đó không? （誰かいますか？）
コー　ングオイ　ナオ　ドー　コ（ホ）ン

年上男性　　　　お金
Anh có tiền không? （あなた、お金持ってる？）
アィン　コー　ティエン　コ（ホ）ン

★ 主語を省いても通じますが、主語を付けたほうが丁寧に聞こえます。

答え方

はい（ある時）	いいえ（ない時）
Có. コー	Không có. コ（ホ）ン　コー

ベトナム語の答え方は日本語や英語のように「はい」、「いいえ」で答えること
は少なく、疑問文の中の動詞や形容詞（動作や状態）を使って答えることが多
いです。詳細は後述しますが、日本語で言えば以下のようなイメージです。

	日本語	ベトナム語
奥さんはいますか？	はい（います）	Có. コー（います）
ギター弾きますか？	はい（弾きます）	Chơi. チョイ（弾きます）
お花はきれいですか？	はい（きれいです）	Đẹp. デップ（きれいです）

Plus1 **Có** を使ったベトナム語の常套句

ベトナム人に感謝されたら、こう言ってあげましょう。

<ruby>何<rt></rt></ruby>

Không có gì. (何でもないですよ＝気にしないで)
コ（ホ）ン　　コー　ズィー

🎤 ベトナム語で言ってみよう！

友達はいますか？	(Anh) **Có** bạn (bè) **không**?* （アィン）　コー　バンッ　（ベー）　コ（ホ）ン
君は冷蔵庫を持っていますか？	Em **có** tủ lạnh **không**? エム　コー トゥー ライッ　コ（ホ）ン
——はい。持っています。	—Em **có**. エム　コー
大きなイベントがありますか？	**Có** sự kiện lớn **không**? コー　スー　キエン　ロン　コ（ホ）ン
——いいえ。ありません。	—**Không có**. コ（ホ）ン　コー

＊友達、恋人などの有無を聞く質問では không の代わりに chưa（もう〜した）を使うことも多いです。現時点ではいなくても、将来できる可能性を暗示した表現です。

持ち物、家族の単語

腕時計	đồng hồ	少し	một vài / một chút
友達	bạn (bè)	たくさん	nhiều
冷蔵庫	tủ lạnh	奥さん	vợ
掃除機	máy hút bụi	夫	chồng
イベント	sự kiện	子供	con
大きい	lớn	兄弟	anh em
小さい	nhỏ	姉妹	chị em

Unit 7

～したい
muốn + 動詞

∞∞

私は水が飲みたい。

Tôi muốn uống nước.
> 飲む 水

トーイ　ムオン　ウオング　ヌオック

> 英語の I want to ～. と同じ意味の文です。

muốn 自体の意味は「欲する」。後ろに動詞がくれば「～したい」となり、後ろが名詞ならば「～が欲しい」となります（→ Unit 2 p. 31）。

Tôi muốn đi* Việt Nam. （私はベトナムに行きたい）
> 行く　　ベトナム

トーイ　ムオン　ディー　ヴィエッ　ナーム

> sang（赴く、行く）もよく使います。

Hoa muốn cà phê. （ホアはコーヒーがいい）
> コーヒー

ホア　　ムオン　カー　フェー

疑問文　～したいですか？

主語 + có muốn + 動詞 + không?

Chị có muốn xem phim không?
> 見る　　　映画

チッ　コー　ムオン　セム　フィム　コ（ホ）ン

> xem は、英語の see や watch に当たる語。look at に当たるのは、nhìn vào.

（あなた〈年上女性〉は映画を見たいですか？）

—Ừ / Vâng. （はい。見たいです）

ウー　　ヴァン

> 相手が年下や部下なら Ừ で、相手が年上だったり、丁寧さを表現したいなら Vâng.

—Không. （いいえ、見たくないです）

コ（ホ）ン

否定文 ～したくないです

主語 + không muốn + 動詞

勉強する

Tôi không muốn học. (私は勉強したくない)

トーイ　コ(ホ)ン　ムオン　ホック

🎤 ベトナム語で言ってみよう！

駅に行きたいです。	駅 Tôi **muốn** đi (đến) nhà ga. トーイ　ムオン　ディー　（デン）　ニャー　ガー ＊đến は「〜まで」の意味。省略可
お土産をあげたいです。	あげる　お土産 Anh **muốn** tặng quà. アィン　ムオン　タンッ　クワー
休憩したいですか？	休憩する Em **có muốn** nghỉ không? エム　コー　ムオン　ンギー　コ(ホ)ン
──いいえ、大丈夫です。	──**Không. Không sao**. コ(ホ)ン　コ(ホ)ン　サオ
私はハノイに帰りたくないです。	戻る Tôi **không muốn** về Hà Nội. トーイ　コ(ホ)ン　ムオン　ヴェー　ハー　ノイッ

見る	xem	帰る	về
映画	phim	買う	mua
贈る	tặng	（車を）運転する	lái (xe)
土産	quà	料理する	nấu ăn
休憩する	nghỉ	勉強する	học

41

8

～が好きです
thích + 名詞／動詞

私は音楽が好きです。

音楽

Tôi thích âm nhạc.
トーイ　ティック　オアム　ニャック

> thích の発音は h 音を意識し、「ティヒック」ぐらいオーバーに言うと通じやすくなります。âm も「アム」では通じにくいです。オとアの中間くらいの短い音です。

thích は「～を好む」という意味の動詞だが、後ろが動詞ならば「～することが好き」となる。

play　**golf**

Tôi thích chơi gôn. （私はゴルフをするのが好きです）
トーイ　ティック　チョーイ　ゴン

歌う

Em thích hát. （私は歌うのが好きです）
エム　ティック　ハット

疑問文　～が好きですか？

主語 + có thích + 動詞／名詞 + không?

お酒

Anh có thích uống rượu không?
アイン　コー　ティック　ウオン　ズィオッ　コ（ホ）ン

（あなた〈年上男性〉はお酒を飲むのが好きですか？）

> 全体的に語末の音（t, p, c など）は抑えめにして発音するとベトナム語らしくなります。

否定文　～が好きではないです。

主語 + không thích + 動詞／名詞

> 「嫌いです」は ghét。

人

Tôi không thích người kia. （あの人が好きじゃない）
トーイ　コ（ホ）ン　ティック　ングォイ　キーア

42

Plus1　like と love

ベトナム語でも好きの度合いによって言葉が変わります。

日本語	英語	ベトナム語
好き	like	thích【適】
すごい好き、愛する	love	yêu【要】

★ yêu は家族や恋人以外にはあまり使わない。

🎤 ベトナム語で言ってみよう！

私はケーキが好きです。　Tôi **thích** bánh ngọt.
ケーキ
トイ　ティック　バイン　ンゴット

*「パン」bánh mì、「肉まん」bánh bao、「月餅」bánh Trung thu

日本の文化が好きです。　Anh **thích** văn hóa Nhật Bản.
文化　日本
アイン　ティック　ヴァン　ホア　ニャット バアァン

君はサッカーするの好き？　Em **có thích** chơi bóng đá **không**?
サッカー
エム　コー　ティック　チョイ　ボン　ダー　コ（ホ）ン

――はい、好きです。　**—Vâng**. Em **thích**.
ヴァン　エム　ティック

私はその傘が好きじゃない
です。　Tôi **không thích** cái ô đó.
類別詞　傘　その
トーイ　コ（ホ）ン　ティック　カイー　オー　ドー

好きなもの

音楽	âm nhạc	サッカー	bóng đá
ゴルフ	gôn	お酒	rượu
歌う	hát	ケーキ	bánh ngọt
歌	bài hát	文化	văn hóa
演奏／競技する	chơi	傘	ô

9

〜ができます
có thể + 動詞 + được

私はそれを使うことができます。

Tôi có thể sử dụng nó được.
（使う）（それ）
トーイ　コー　テエェ　スー　ズンッ　ノー　ドゥオック

> được は語末で息を止めることと、「オ」はアとオの中間音で発音することがポイントです。

英語の can にあたる表現です。có thể と được で動詞と目的語を挟み込むのが基本ですが、có thể、được のどちらか単独でも通じます。

Tôi có thể nói tiếng Anh (được).
（話す）（英語）
トーイ　コー　テエェ　ノーイ　ティエング　アィン　（ドゥオック）

（私は英語が話せます）

Em (có thể) bơi được.
（泳ぐ）
エム　（コー　テエェ）　ボォイ　ドゥオック

（私〈年下〉は泳げます）

> có thể だけだと「かもしれない（might、can）」の意味もあるので can の意味を表したいときは được をつけた方が誤解を避けられます。

疑問文　〜ができますか？

主語 + có thể + 動詞 + được không?

Anh có thể lái xe được không?
（運転する）（車を）
アィン　コー　テエェ　ライ　セー　ドゥオック　コ（ホ）ン

（あなた〈年上男性〉は運転できますか？）

—Được. （はい。できます）
ドゥオック

—Không được. （いいえ、できません）
コ（ホ）ン　ドゥオック

否定文 ～ができません。

主語 + không thể + 動詞 + được.

信じる

Tôi không thể tin được. (信じられません)
トーイ　コ（ホ）ン　テエェ　ティン　ドゥオック

🎤 ベトナム語で言ってみよう！

私はフランス語が話せます。

話す　フランス語

Tôi **có thể** nói tiếng Pháp **được**.
トーイ　コー　テエェ　ノーイ　ティエング　ファップ　ドゥオック

＊「韓国語」tiếng Hàn Quốc、「中国語」tiếng Trung Quốc、「ドイツ語」tiếng Đức

私は〈年上男性〉解決できません。

解決する

Anh **không thể** giải quyết (**được**).
アィン　コ（ホ）ン　テエェ　ザーイ　クィエッ　（ドゥオック）

君は刺し身を食べられる？

食べる

Em **có thể** ăn Sashimi **được không**?
エム　コー　テエェ　アン　サシミ　ドゥオック　コ（ホ）ン

――いいえ、食べられません。

—**Không được**.
コ（ホ）ン　ドゥオック

私は眠れません。

眠る

Tôi **không thể** ngủ **được**.
トーイ　コ（ホ）ン　テエェ　ングー　ドゥオック

日常生活の動詞			
使う	sử dụng / dùng	食べる	ăn
話す	nói	眠る	ngủ
泳ぐ	bơi	働く	làm việc
信じる	tin	参加する	tham gia
解決する	giải quyết	準備する	chuẩn bị

Unit ★ 10

〜してください
làm ơn + 動詞

署名してください。

(丁寧) **(署名する)**

Làm ơn **kí tên.**
ラァム　　オン　　キー　　テン

> làm は英語の do です。ơn を続けると、「恩を施してください→〜してください」という意味になります。

làm ơn は直後に動詞を入れると「〜してください」という依頼表現、cho tôi (for me) ＋名詞を続けると、「〜をください」（give me）という意味になります。

(話す) **(ゆっくり)** **(もっと)**

Làm ơn **nói chậm hơn.**
ラァム　　オン　　ノイー　　チャム　　　ホン

（もう少しゆっくり話してください）

> Làm ơn cho tôi. は飲食店などでも便利です。フレーズで覚えましょう。

Làm ơn cho tôi **một ly nước.** （お水を1杯ください）
ラァム　　オン　　チョー　トーイ　モッ　リー　　ヌオック

類似表現 **より丁寧な言い方**

Xin vui lòng + 動詞

「〜してください」と言うときの最も丁寧な言い方です。丁寧な半面、冷たい印象を与えかねませんので使う場面を考えましょう。Xin を取るとややその印象が弱まります。làm ơn は自分のために何かをしてもらうときのお願いで、vui lòng は単に行動を促す表現です。

(確認する)

(Xin) vui lòng **xác nhận.** （ご確認をお願いします）
（シン）　ヴイ　　ロン　　サック　ニャッ

(静かにしている)

(Xin) vui lòng **im lặng.** （ご静粛にお願いします）
（シン）　ヴイ　　ロン　　イム　ラン

Plus1　đi を使ったいろいろな命令文

指示・命令の強さに応じて言い方が変わります。(làm は、「する」という意味の動詞)

言い方	例文	意味
動詞+ đi	Làm ～ đi.	～しろ。
主語+動詞+ đi	Em làm ～ đi.	○○さん、～して。
主語+ hãy +動詞+ đi	Em hãy làm ～ đi.	○○さん、～したら。

★ 主語ありの言い方をお薦めしますが、優しい口調で Làm đi. と言うと、「やってごらん」みたいな感じになります。なるべくきつい命令はやめましょう。

🎤 ベトナム語で言ってみよう！

もう一度言ってください。

Làm ơn nói một lần nữa.
〔もう一度〕
ラァム　オン　ノイー　モッ　ラーン　ヌアア

手を洗ってください。

Vui lòng rửa tay.
〔洗う〕〔手〕
ヴイ　ロン　ズア　タイ

＊ 置き換え表現：「顔」mặt、「髪」tóc、「足 (leg)」chân、「指」ngón tay、「耳」tai

マスクの着用をお願いします。

Xin vui lòng đeo khẩu trang.
〔wear〕〔マスク〕
シン　ヴイ　ロン　デオ　カ (ハ) ウ　チャング

ごみを捨てて。

Vứt rác **đi**.
〔捨てる〕〔ごみ〕
ヴッ　ザック　ディー

署名する	kí tên ※ kí は【記】	洗う	rửa
遅い、ゆっくり	chậm	装着する	đeo
話す	nói	マスク	khẩu trang【口装】
確認する	xác nhận	捨てる	vứt
静かにする	im lặng	ごみ	rác【落】

～しないでください
Đừng【停】+ 動詞

話さないでください。

【話す】

Đừng nói chuyện.
ドゥン↓　　ノイー　　　チュイエッ

> đừng は語尾をしっかり下げて発音すること。đúng（正しい）、đứng（立つ）など発音が似た語が多い。

「～しないでください」という比較的強めの否定命令形です。冒頭に Xin を付けると丁寧な表現になります。đừng の後ろに có を付けると、後ろの動詞が強調され、「～なんてことはするな」という意味になります。

★ ベトナム語では同義の動詞を2つ続けたりして意味を強調することがある。

【忘れる】

Đừng (có) quên.（忘れないでください）
ドゥン↓　（コー）　クエン

【心配】【考える】

Xin đừng lo nghĩ.（どうか心配しないでください）
シン　　ドゥン↓　ロー　ンギー

類似表現　禁止の強さによって言い回しが変わる

誰でもそうですが、ベトナム人は特に命令口調を嫌います。なるべく柔らかな表現で言うと人間関係が円滑になります。

弱	言い方	例文	意味
↓	主語 + không nên + 動詞	Em không nên đi.	行かないほうがいい。
	Đừng + 動詞	Đừng đi.	行かないでください。
	Cấm + 動詞	Cấm đi.	行くことを禁止します。
強	Chớ + 動詞	Chớ đi.	行ってはダメ（警告）。

【吸う】【たばこ】【で】【ここ】

Cấm hút thuốc ở đây.（ここでたばこを吸うことを禁止します
カァム↑　フート　トゥオック　オ　ダイ　　＝ここは禁煙です）

Plus1 否定命令の意味をもつ便利な言い回し

(止まる)

Dừng lại.

ズン↓　　ライッ

（止まって［動かないで］ください）

> Dừng は Đừng とは違います。横棒がないd で「ズ」と発音します。

(動かない) (黙っている)

Im lặng. （静かに！）

インム　　ラン

🎙 ベトナム語で言ってみよう！

走らないでください。	(走る) **Đừng chạy.** ドゥン↓　チャイッ
遅刻しないでください。	(来る) (遅れる) **Đừng đến muộn.** ドゥン↓　デーン　ムオッ
傘を忘れないでください。	(忘れる) (持っていく) (傘) **Đừng quên mang ô.** ドゥン↓　クエン　マング　オー

※ 置き換え表現 ：「財布」(cái) ví、「ペン」、(cái) bút、「帽子」mũ、「コート」áo khoác

ふざけてはいけません。	(ふざける) **Chớ có đùa cợt.** チョー↑　コー　デュア　コッ

忘れる	quên	停止する	dừng
心配する	lo【慮】	再び	lại【又】
思う、考える	nghĩ	邪魔する	làm phiền
吸う	hút【吸】	やめる、放棄する	bỏ
たばこ	thuốc (lá)	ふざける	đùa cợt

Unit 12

～させてください
Cho phép tôi + 動詞

∞∞

発言させてください。

<u>述べる</u>
Cho phép tôi **phát biểu.**
チョー　　フェップ　トーイ　ファット　ビョウ

> 「私に～する許可を与えてください
> (Please allow me …)」が直訳。
> ビジネスや公の場でよく使う

Cho phép の後ろに直接動詞が来ると、Cho phép sử dụng（使用許可）のように
名詞になってしまうので tôi は必須です。

<u>説明する</u> <u>説明</u>
Cho phép tôi **thuyết minh.** （説明させてください）
チョー　　フェップ　トーイ　トゥイエット　ミン

<u>飼う</u> <u>猫</u>
Cho phép tôi **nuôi mèo.** （猫を飼わせてください）
チョー　　フェップ　トーイ　ヌオイ　　メオ

類似表現 ～してもよいですか

英語の May I ～? に当たる言い回しは「できる」と言う意味の **có thể được**
を使っても表現できます（→ Unit 9）。

<u>休む</u>
Tôi có thể <u>nghỉ phép</u> được không?
トーイ　コー　テエェ　ンギー　　フェップ　ドゥオック　コ（ホ）ン

（お休みをいただいてもよいですか？）

<u>昼食</u>
Tôi có thể **đi ăn trưa à?** （お昼ご飯に行っていいですか？）
トーイ　コー　テエェ ディー　アン　チュア　アァ

—Vâng. / Ừ. （いいですよ）　Không được. （だめです）

★ à は驚きや念押しを表現する時に使う「文末詞（詳細は後述。文の最後に付けるベトナム語特有の品
詞）」。高い確率で許可してもらえると思われる場合に使う。可否不明の場合は được không を使う。

50

Plus1 権威によって変わる「許可」の表現

共産主義国で権威を重んじるベトナムの特性のためか、許可する主体の権威によっていろいろな言い方があります。

表現	許可の主体	意味
cho phép	上司や先輩	認める
cấp phép	公的な機関	許可する、認可する
phê chuẩn phê duyệt	高度な公的機関 （政府や国会など）	認可する、批准する、 承認する

🎤 ベトナム語で言ってみよう！

早退させてください。

Cho phép tôi về sớm.
チョー　フェップ　トーイ　ヴェー　ソーム

*行く đi、（故郷などに）帰る về、（いた場所に）戻る trở lại

ここで働かせてください。

Cho phép tôi làm việc ở đây.
チョー　フェップ　トーイ　ラン　ヴィエック　オォ　ダイ

質問してもいいですか？

Em có thể hỏi **được không?**
エム　コー　テエェ　ホォイ　ドゥオッ　コ（ホ）ン

トイレ行っていいですか？

Tôi có thể đi vệ sinh **được không?**
トーイ　コー　テエェ　ディー　ヴェッ　スィン　ドゥオッ　コ（ホ）ン

発表、発言する	phát biểu【発表】	質問する	hỏi
説明する	thuyết minh	工場	nhà máy
飼育する、育てる	nuôi	事務所	văn phòng【文房】
猫	(con) mèo	病院	bệnh viện【病院】
（仕事を）休む	nghỉ phép	転職する	chuyển việc【転役】
早退する	về sớm		

13
～が必要です
cần + 名詞／動詞

私はお金が必要です。

Tôi cần tiền.
トイ　カン↓　ティエン

<お金>

> cần はしっかりと下げないと通じません。「カンン↓」と伸ばすようにするといいです。

後ろに名詞が来るときは「～が必要だ」、動詞が来ると「～する必要がある」（＝ need to）になり、動詞が来る場合は cần phải ～ のように phải（～しなければならない）を付け加えることが多いです。なくても通じます。否定文は không を用います。

Tôi cần (phải) gặp sếp. （私は上司に会う必要があります）
トーイ　カン↓　（ファアイ）　ガップ　セップ

<会う> <上司>

Tôi không cần ô tô. （私は車が必要ありません）
トーイ　コ(ホ)ン　カン↓　オートー

<否定> <車>

類似表現 ～するべきだ、～した方がよい

主語 + nên + 動詞

> nên は「お勧め」をするときに使うことが多いです。

Em nên sửa máy này. （君はこの機械を修理したほうがよい）
エム　ネン　スア　マイー　ナイー

<修理する> <機械> <この>

Tôi không nên uống rượu. （私はお酒を飲まないほうがよい）
トーイ　コ(ホ)ン　ネン　ウオン　ズィオッ

<飲む> <酒>

⭐ cần も nên も助動詞です。ベトナム語の助動詞の使い方は英語同様に動詞の前に置くだけ。否定文は助動詞の前に không を置くだけ、と極めてシンプルなので他の助動詞も同様に覚えましょう。

Plus1 便利な言い回し

【何も】

Không cần gì cả. (何もいらない)
コ（ホ）ン　カン　ズィー　カァ

【良い】【最も】

Tốt nhất là nên ～. (～するのが1番いいだろう)
トット　ニャット　ラー　ネン

🎤 ベトナム語で言ってみよう！

【パスポート【戸照】】

私はパスポートが必要です。 Tôi **cần** hộ chiếu.
トーイ　カーン　ホッ　チエゥ

＊「行く」đi、「(故郷などに) 帰る」về、「(いた場所に) 戻る」trở lại

【運転する】【車】

君は運転する必要はない。 Em **không cần** lái xe.
エム　コ（ホ）ン　カーン　ライ　セー

【学ぶ】【英語】

君は英語を学んだほうがよい。 Em **nên** học tiếng Anh.
エム　ネン　ホック　ティエング　アィン

【買う】【パソコン】

私〈男性〉はパソコンを買うべきだ。 Anh **phải** mua máy tính.
アィン　ファアイ　ムア　マイー　ティンー

身の回りの単語

お金	tiền	お酒	rượu
上司	sếp	パスポート	hộ chiếu
自動車	ô tô / xe hơi	運転する	lái
機械	máy	学ぶ	học 【学】
修理する	sửa (chữa)	パソコン	máy tính

〜はどこですか？
〜 ở đâu?

トイレはどこですか？

【トイレ】
Nhà vệ sinh ở đâu?
ニャー　ヴェッ　スィン　オォ　ドゥ

> 日本人は「王道」のように発音しがちですが、ở は「ァオォ」とアとオの中間音で発音するとよいです。

ベトナム語の疑問詞（5W1H）は文末に来るものが多いです。英語的に考えると、Where is the bathroom? の is に当たる là を入れたくなりますが、不要。

【現在進行形】
Anh đang ở đâu?
アィン　　ダン　オォ　ドゥ

> この ở は「〜にある、〜にいる」という意味の一般動詞。là は主語と述語がイコールという意味しかないので代わりには使えない。

（あなたはいまどこにいるの？）

【住む】【〜に】
Em sống ở đâu? （君はどこに住んでるの？）
エム　　ソング　オォ　ドゥ

> ở には、「〜に」という前置詞の用法もある。

【答え方】　**建物などの場所を聞かれた場合の答え**

表現		意味
Bên kia.	ベン キア	あちらの方（遠い）です。
Bên đó.	ベン ドー	そちらの方（ちょっと遠い）です。
Ở đây.	オォ ダイ	こちらです。
Không biết.	コ（ホ）ン ビエッ	わかりません。

■ 住んでいる場所などを聞かれた場合の答え

Q：君はどこに住んでいるの？（上の例文参照）

→ Em sống ở Setagaya.
エム　　ソング　オォ　　世田谷

> 疑問文と同じ動詞を使い ở をつけて、場所を答えるだけ。

（僕は世田谷に住んでいます）

Plus1 方向を指示する言い回し

表現		意味
Đi thẳng.	ディー タアン	真っすぐ行って。
Rẽ phải.	ゼエ ファアイ	右に曲がって。
Rẽ trái.	ゼエ チャアイ	左に曲がって。
Đi đến 〜	ディー デン	〜まで行って。
Hãy dừng lại.	ハイ ズン↓ ライッ	止まってください。

※ Hãy は相手に何かの動作をお願いする「please」の意味です。

🎙 入れ替えて言ってみよう！

ハサミはどこにありますか？	(Cái) kéo ở đâu? （カイー） ケオ オォ ドウ

（技能）実習生はどこですか？	実習生 Thực tập sinh ở đâu? トゥク タップ スィン オォ ドウ

君はどこでご飯を食べる？	ご飯 Em ăn cơm ở đâu? エム アン コム オォ ドウ

君はどこの出身？	故郷 Quê em ở đâu? クエー エム オォ ドウ

> これはぜひ覚えてください。
> ベトナム人の挨拶代わりです。

場所と使う単語

住む、生きる	sống	（技能）実習生	thực tập sinh
右／左	phải / trái	特定技能	kỹ năng đặc định
真っすぐ	thẳng	留学生	du học sinh
ハサミ	(cái) kéo	都市	thành phố
※短い単語は類別詞を付ける		故郷	quê (hương)

なぜ～ですか?
Tại sao / Vì sao ～?

君はなぜいつも忙しいの?

(いつも) (忙しい)

Tại sao em luôn bận?
タイッ　サオ　エム　ルオン　バッ

> Tại sao のほうが Vì sao よりも
> 一般的です。

Tại sao?(なんで?)と単独で使っても十分通じると思います。

(学ぶ)

Tại sao (em) không học?
タイッ　サオ　(エム)　コ(ホ)ン　ホック

(なぜ〈君は〉勉強しないの?)

> 主語を省いても問題がない場合もあれば、
> 意味が変わる場合もあります。

(再び) (尋ねる)

Tại sao (em) lại hỏi? (なぜ〈君は〉また聞くの?)
タイッ　サオ　(エム)　ライッ　ホォイ

~~~~~~

答え方「なぜならば～」(Because)

どちらもよく使いますので覚えておいてください。

Bởi vì + 主語 + 動詞 ／ Tại vì + 主語 + 動詞

(たくさん) (仕事)

Bởi vì em có nhiều việc. (やることが多すぎるんです)
ボォイ　ヴィ　エム　コー　ニエゥ　ヴィエック

(～きり) (1) (私)

Tại vì (là) tôi chỉ một mình. (私は一人きりですから)
タイッ　ヴィ　(ラー) トーイ　チイ　モット　ミンー

⭐ ベトナム語の特徴なのですが、あってもなくてもよい là を文中に入れることがあります。「えぇと」
みたいな感じで、間を入れて話しやすくするためだと思われます。

Plus1 どのように（how）の言い方

表現	置く場所	例文（意味：君はどうやって勉強するの？）
như thế nào ニュー テ ナオ	文末	Em học như thế nào? エム ホック ニュー テ ナーオ
làm thế nào ラム テ ナオ	文末	Em học làm thế nào? エム ホック ラム テ ナーオ
	文頭 （để を追加）	Làm thế nào để học? ラム テ ナオ デェ ホック

⭐ học は「勉強する」。để は「～するために（for）」

🎤 **ベトナム語で言ってみよう！**

あなたはなぜ何も言わないの？ **Tại sao** anh không nói gì?
タイッ サオ アイン コ（ホ）ン ノイ ズィー

なぜ早く帰らないの？ 〔帰る〕〔早い〕
Tại sao không về sớm?
タイッ サオ コ（ホ）ン ヴェー ソーム

——自習したいので。 〔自習する〕
—**Bởi vì là** tôi muốn tự học.
ボォイ ヴィー ラー トーイ ムオン トゥ ホック

どうやって調理するの？ 〔料理する〕
Em nấu ăn **như thế nào**?
エム ノウ アン ニュー テ ナオ

どうやって間違いを見つけるの？ 〔発見する〕〔間違い〕
Làm thế nào để phát hiện lỗi?
ラム テ ナオ デェ ファッ ヒエン ロォイ

いつも	luôn (luôn)	発見する	phát hiện【発見】
忙しい	bận	判別する	phân biệt【判別】
一人きり	chỉ một mình	認識する	nhận thức【認識】
（時間的に）早い	sớm	間違い、欠陥	lỗi
（速度的に）速い	nhanh	過失、誤り	sai (lầm)

Unit 16

どちらが〜ですか？
Cái nào + 形容詞 + hơn?

どちらがいい？

Cái nào tốt hơn?

<small>(よい)</small>

カイー↑　ナーオ↓　トット　ホン

> cái は類別詞の【個】、nào は「どちら」。
> cái は語尾を上げ、nào は下げることを
> 明確に意識して発音してください。

英語の場合、Which do you like better? のように質問の段階では比較対象がモノなのか、生き物なのか、場所なのか、明確ではありません。しかし、ベトナム語では質問の段階で対象を決めます。モノの場合は cái です。(Plus1 参照)

Em thích cái nào hơn?

<small>(好き)(比較級)</small>

エム　　ティック　カイー　ナーオ　　ホン

（君はどちらが好きですか？）

> thích の場合、cái nào の後ろに
> 形容詞は来ません。hơn を省略
> する場合も。

Bạn nghĩ cái nào đắt?

<small>(思う)(高い)</small>

バン　　ンギー　カイー　ナーオ　　ダッ

（あなたはどちらが高いと思う？）

> đắt は、「値段が高い」
> という意味。

答え方 **これ、それ、あれ**

Unit 4 でも説明しています。

これ	それ	あれ
cái này カイー　ナイー	cái đó / nó カイー　ドー / ノォー	cái kia カイー　キーア

★ nó は英語の it に当たる類別詞不要の指示代名詞。cái nó とはなりません。

Anh mua cái nào? （あなたはどちらを買いますか？）

アィン　ムア　カイー　ナーオ

—(Anh mua) cái này. （これを買います）

（アィン　　ムア）カイー　ナイー

> cái nào が目的語の場合は
> 文末に来ます。Which が
> 常に文頭に来る英語とは
> 違います。

Plus1 nào のいろいろな使い方

表現	意味	例文
người nào ングォイ ナーオ	どの人	Em gặp người nào?（君はどの人に会う？） エム ガップ ングォイ ナーオ
loại nào ロァイッ ナーオ	どんな種類	Bạn uống rượu loại nào?（どんな酒飲む？） バンッ ウォン ズィオッ ロァイッ ナーオ
chỗ nào チョオ ナーオ	どの場所	Tôi phải ở chỗ nào?（どこにいればいい？） トーイ ファアイ オォ チョオ ナーオ

★ nào は選択肢が限られる場合に「どちら」と聞く疑問詞です。選択肢がない場合は what に当たる「gì」を使い、「cái gì（何）」「loại gì（何の種類）」になります。

ベトナム語で言ってみよう！

どちらがおいしい？

Cái nào ngon **hơn**?
カイー　ナーオ　ンゴン　ホン

君はどちらの場所が嫌い？

Em ghét chỗ **nào**?
エム　ゲェト　チョオ　ナーオ

——あっち（が嫌い）です。

—(Em ghét) **chỗ kia**.
（エム　ゲェト）　チョオ　キーア

どちらが面白いと思いますか？

Anh nghĩ **cái nào** hay **hơn**?
アィン　ンギー　カイー　ナーオ　ハイ　ホン

形容詞など

良い	tốt	嫌う、憎む	ghét
（価格が）高い	đắt	面白い	hay / thú vị【趣味】
（高さが）高い	cao【高】	複雑な	phức tạp【複雑】
（価格が）安い	rẻ	シンプルな	đơn giản【単簡】
場所	chỗ / nơi	手間がかかる	vất vả
おいしい	ngon	易しい	dễ

いつ〜しますか？
Khi nào 〜？（いつ頃）/ Bao giờ 〜？（何時）

いつ帰宅するの？

帰宅する

Khi nào em về nhà?

キヒー　ナーオ　エム　ヴェー　ニャー

> 2つを同じように使うベトナム人も
> いますが、筆者の経験では上記の
> ように区別すべきだと思います。

khi nào は比較的大きな時間、bao giờ は比較的小さな時間を表します。
また、文頭に付ける場合は未来形を意味することが多く、文末に付ける場合は
過去形を意味することが多いです。助動詞（sẽ, đã など。Unit 19 で解説）で時
制を明確にすれば、文頭でも文末でも問題ありません。

出勤する

Bao giờ anh đi làm?（何時に仕事に行くの？）

バオ　ゾー　アイン　ディー　ラァム

終わる　　　　仕事

Anh (đã) xong việc khi nào?（いつ仕事終わったの？）

アイン　（ダア）　ソング　ヴィエック　キヒー　ナーオ

答え方　過去、現在、未来の主な言い方

太字部分を覚えましょう。

> 「キーナオ」と発音する日本人が
> 多いのですが、「キヒーナオ」とh
> 音がすごく重要です。

過去	現在	未来
năm trước / năm ngoái（去年） ナム チュオック／ナム ンゴアイ	**năm nay**（今年） ナム ナイ	**năm sau**（来年） ナム サウ
tháng trước（先月） タン チュオック	**tháng này**（今月） タン ナイー	**tháng sau**（来月） タン サウ
tuần trước（先週） トゥアン チュオック	**tuần này**（今週） トゥアン ナイー	**tuần sau**（来週） トゥアン サウ
hôm trước / **hôm qua**（きのう） ホム チュオック／ホム クア	**hôm nay**（今日） ホム ナイ	**ngày mai**（明日） ンガーイ マイ

★ 現在の nay がややこしいことに年と日は声調がないことに注意。読みやすさからだと思われます。

Plus1 **時間の言い方** (難しい数字を知らなくても言える簡単な表現)

表現	意味
một tiếng sau モッ ティエン サオ	1 時間後 ※ sau は「〜の後で」「〜の後ろ」の意味。
ba mươi phút trước バー ムオイ フッ チュオック	30 分前 ※10 は mười と下がる声調なのだが、20以上は声調なしに変わる。
hai phút ハイ フッ	2 分 ※ベトナムでは「ちょっと待って」が「2 分待って」になる。

★ 1＝một / 2＝hai / 3＝ba / 4＝bốn / 5＝năm / 6＝sáu / 7＝bảy / 8＝tám / 9＝chín / 10＝mười
　　モット　　ハイ　　バー　　ボンー　　ナァム　　サゥ　　バァイ　　タァム　　チンー　　ムオイ

🎙 ベトナム語で言ってみよう！

いつ引っ越すの？	**Khi nào** bạn chuyển nhà? _{引っ越す} キヒー　ナーオ　バンッ　チュイェン　ニャー
何時にお客さんをお迎えすればいい？	**Bao giờ** tôi nên đón khách? _{迎える 客} バオ　ゾー　トーイ　ネン　ドン　カ（ハ）ック
――だいたい 3 時間後ですね。	――Khoảng **ba tiếng sau** nhé. _約 コ（ホ）アング　バー　ティエング　サオ　ニェー
あなたはいつ韓国に来たの？	Anh đến Hàn Quốc **khi nào**? _{韓国} アィン　デン　ハン　クオック　キヒー　ナーオ

出勤する	đi làm	〜すべき〈助動詞〉	nên
終業する	xong việc	だいたい、約	khoảng
引っ越す	chuyển nhà【転家】	ね〈文末詞〉	nhé
お迎えする	đón	韓国	Hàn Quốc
お客様	khách【客】	欧州	Châu Âu【州欧】

61

Unit
18

いま〜です（状態・動作）

đang 〜

◇◇

私はいま忙しい。

＜忙しい＞

Tôi đang bận.
トーイ　　ダン　　バッ

> đang は現在進行中の動作や状態を示す助動詞。

đang＋形容詞または動詞は「いま〜だ、〜しているところだ」の意味でいまの自分の動作、状況を相手に伝えるうえで非常に便利な言い回しです。単語のバリエーションを増やせば、多くのことを伝えられるようになります。

Tôi **đang** đến.（いま行きます）
トーイ　　ダン　　デンー

答え方 近過去（〜したばかりだ）、近未来（もうすぐ〜する）

ベトナム語は「いま」に近い時制表現が多く、近い過去と近い未来を表す助動詞があります。通常の過去形、未来形とは区別して使いましょう。

【近過去】vừa / mới + 動詞
【近未来】sắp + 動詞

＜終わる＞ ＜仕事＞

Tôi vừa xong việc (bây giờ).
トーイ　ヴア　　ソング　ヴィエック（バイ　　ゾー）

（私はいま仕事が終わった）

> bây giờ を文末に付けると、「まさに現在の瞬間」というイメージが強まります。

＜知る＞ ＜念を押す＞

Em mới biết chứ?
エム　モイー　ビエット　チュー

（君、いま知ったの？）

男性  行く まで 米国

Anh sắp đi đến Mỹ.
アィン　サップ　ディー　デン　ミィイー

（私〈男性〉はすぐ米国に行きます）

🎙 ベトナム語で言ってみよう

いま疲れています。
［進行形］

疲れている

Tôi đang mệt.
トーイ　ダン　メット

私〈年上女性〉は水を飲んで
いる。［進行形］

飲む　水

Chị đang uống nước.
チッ　ダン　ウオング　ヌオック

私〈年下男女〉は家に帰った
ところだ。［近過去］

帰宅する

Em **vừa** về nhà.
エム　ヴア　ヴェー　ニャー

私〈年上男性〉は服をいま買っ
た。［近過去］

買う　服

Anh **mới** mua áo.
アィン　モイー　ムア　アオ

彼はもうすぐ結婚する。
［近未来］

めとる　妻

Anh **ấy sắp** lấy vợ.
アィン　アイ　サップ　レイ　ヴォッ

*vợ は「奥さん」の意味。夫は chồng。

形容詞		行動を表す動詞	
忙しい	bận	帰宅する	về nhà
おなかがすいた	đói (bụng)	仕事に行く	đi làm
病気だ	ốm / bệnh	学校に行く	đi học
楽しい	vui	遊びに行く	đi chơi
つらい	đau khổ	歌を歌う	hát bài hát
さみしい	cô đơn / buồn	デートする	hẹn hò

～するだろう【未来】／～しました【過去】他
sẽ / đã + 動詞

私は弁護士になるだろう。

Tôi sẽ trở thành luật sư.
トーイ　セェエ　チョオ　タイン　ルアット　ス

［～になる］　［弁護士］

ビールを飲みました。

Tôi đã uống bia.
トーイ　ダァア　ウオング　ビア

［飲む］　［ビール］

> ベトナム語の動詞には英語のような活用（変化）はありません。時制の表現を一度覚えてしまえば文を作るのは簡単です。

ベトナム語は時制表現に厳密ではありません。文中に過去・未来を示す単語があれば、動詞に助動詞を加えなくても通じます。

Tôi uống bia hôm qua.（私はきのうビールを飲む＝飲んだ）
トーイ　ウオング　ビア　ホム　クア

疑問文 超便利！ 疑問文になる文末詞

［スーパー【超市】］

Em sẽ đi siêu thị à?
エム　セェエ　ディー　スィエウ　ティ　アー↓

（君、スーパー行くの？）

> à はしっかり伸ばして下げないと通じません。

> a という文末詞もあり、尊敬の意味を追加します。
> Vâng ạ.（かしこまりました）

否定文 助動詞の後ろに không

［食べる］［フォー］

Tôi đã không ăn phở.
トーイ　ダァア　コ（ホ）ン　アン　フォオ

（私はフォーを食べなかった）

Plus1 5種類の時制

過去	近過去	現在進行	近未来	未来
đã ダァア	vừa / mới ヴア／モイー	đang ダン	sắp サップ	sẽ セェエ
～した	～したばかり	～している	まもなく～する	～する

★ ベトナム語では場面、文脈によって使い分けます。動作、行動が絡む場合は近過去、近未来の助動詞を使う傾向が強いように感じます。

★ 近過去、近未来の助動詞については動作の完了、未完了が焦点となるので、否定文の時は không ではなく、副詞の chưa（まだ～していない）を使います。

🎤 ベトナム語で言ってみよう！

私〈年上男性〉はゴルフをしないだろう。

プレーする　ゴルフ
Anh sẽ không chơi gôn.
アィン セェエ コ（ホ）ン　チョイ　ゴン

勉強したの？

勉強する
Em đã học à?
エム　ダア　ホック アー↓

まもなく離陸します。

飛行機　　　　離陸する
Máy bay sắp cất cánh.
マイー　バイ　サップ　カット　カイン

いま帰宅したばかりです。

帰る
Tôi vừa về nhà.
トーイ　ヴア　ヴェー ニャー

★ sẽ には意志と予想のどちらのニュアンスもある。意志を明確にしたい場合は định【定】（～するつもり）を使う。

～になる	trở thành	飛行機	máy bay
弁護士	luật sư【律師】	離陸する	cất cánh
飲む	uống	着陸する	hạ cánh
スーパー	siêu thị【超市】	競技する、遊ぶ	chơi
マンション	chung cư【終居】	準備する	chuẩn bị【準備】

Unît
20
黄金フレーズ20 ⑳
○時△分です【時間と数字表現】
【時間】 ○ giờ △ phút

いま何時ですか？

Bây giờ là mấy giờ?
バイ　　ゾー　　ラー　マイー　　　ゾー

【いま】

> ベトナム南部では「バイヨー」「マイヨー」という発音になります。

3時10分です。

Ba giờ mười phút.
バー　　ゾー　　ムオイ　　　フット

語順のとおり、bây giờ が「今」、mấy giờ が「何時」（what time）を表します。
「〜分」は phút を使います。

基本の数字	0 〜 10

0	1	2	3	4	5	6	7	8	9	10
không	một	hai	ba	bốn	năm	sáu	bảy	tám	chín	mười
コホン	モッ	ハイ	バー	ボン	ナム	サウ	バイ	タム	イン	ムオイ

⭐ スペースの関係上、本書の超カタカナ表記でなく、簡略化しています。

基本の数字	11 以上

日本語と同じように「整数＋10（mười）＋整数」です。

11	mười một	20	hai mươi
12	mười hai	21	hai mươi mốt
13	mười ba	30	ba mươi
14	mười bốn	40	bốn mươi
15	mười lăm	50	năm mươi

⭐ 赤字は変則的な発音です。日本語でも 7 の呼び方を発音のしやすさで「なな」「しち」と変えますよね？ 変則的な点は以下の通り。
・15 では 5 の năm は最初の文字が l に変わる。
・20 以上は mười の下がる声調がなくなる。　・21 〜 91 の một は mốt になる。

66

便利な表現 　～時半、～分前の言い方

sáu giờ rưỡi （6時半）

chín giờ kém mười phút （9時10分前）

Plus1 　時間以外の数字表現

【電話番号】

日本語と同じように、整数を連続して言う。

> ゼロを言うとき、linh（零）ということもあります。

098 － 2945 － XXX

＝ không chín tám / hai chín bốn năm / XXX

【住所】

番地を先に言い、次に通りや町を言う。

> 9、7と数字を並べて言う人も多いです。

97　Lê Duẩn （レ・ズアン通り97番地）
chín (mươi) bảy

🎙 **ベトナム語で言ってみよう！**

> 時間が～分かかる、は「～分失う（Mất）」という言い方をする。

7時39分です。	**Bảy giờ** ba mươi chín **phút**. バァイ　ゾー　バー　ムオイ　チン　フット
ダオタン通り23番まで行って。	Đi đến hai ba Đào Tấn. ディー　デン　ハイ　バー　ダオ　タン
20分ほどかかります。	**Mất**＊ khoảng hai mươi phút. マット　コ（ホ）アン　ハイ　ムオイ　フット

🔍 **時間に関する単語**

いま	bây giờ	ちょうど	đúng
何時	mấy giờ	失う、時間がかかる	mất
分	phút	先ほど	lúc nãy
秒	giây	時計	đồng hồ
時間	thời gian	待つ	chờ (đợi)

ベトナム語入力は上達に必須
記号抜き表記は絶対にやめて！

　ベトナム語はハードルが高い言語です。しかし、一昔前に比べれば習得はずいぶんと容易になりました。その理由が IT です。IT を活用するのとしないのでは上達のスピードが全然違います。IT 活用の第一歩がベトナム語の入力です。これができると、ウェブで現地語の情報が入手でき、ベトナム人向けのアプリや辞書サイトも使えます。ベトナム人とのメールやチャットもベトナム語でできるようになります。

〈アップル製品の iPhone や iPad の場合〉
　「設定」→「一般」→「キーボード」→「新しいキーボードを追加」でベトナム語を追加するだけ。

〈Windows の場合〉
　unikey、Vietkey などのベトナム語入力のフリーソフトを使えばよいのです。※ IT 機器の設定、ソフトのインストールなどはご自身の判断でご利用をお願いします。筆者は責任を負いかねます。

ベトナムは IT 活用が進んでおり、ベトナム語入力ができると情報検索、チャットなど様々なメリットがある（ハノイ）

■ 最も一般的な Telex 方式のベトナム語入力

ほとんどのベトナム人がこの入力法で入力しています。

特殊文字		声調	
記号	入力方法	記号	入力方法
â	aa	á	as
ă	aw	à	af
ư	uw / w	ả	ar
ê	ee	ã	ax
ơ	ow	ạ	aj
ô	oo	đ	dd

★ ỗ、ấ のように、記号と声調記号が複合するときは「oox」「aws」と続けて入力する。

　入力に慣れるとベトナム語を使いこなせている気持ちになり、学習が楽しくなる。記号を意識して書くので、母音の発音や声調に一つ一つ気を配るようになります。

　ベトナム語を記号抜きで書いた瞬間に、ベトナム語はローマ字発音になります。そして同音異義語に見えて全然違うベトナム語の深淵が見えなくなる。この本でベトナム語を学ぼうとしている皆様には是非とも入力をマスターしていただきたいと心から願います。

ベトナム人が話せぬ「ひみつ」
日本人は苦労ひと「しお」

　ベトナム人は外国語が上手です。6つの声調、11の母音を使い分け、地域によって違う方言も聞き分けるので、基礎的な語学力が高いのだろうと思います。しかし、日本語の発音に関してはベトナム人が苦手とするものがあります。それは「つ」と「長音」です。

　周りにベトナム人の知り合いがいたら「ひみつ」と書いて発音させてみてください。上級者以外は「ひみちゅ」と言うのではないかと思います。ベトナム語では「t」をよく使いますが、「trà（チャー、茶）」「thư（トゥー、手紙）」などタ行のツ以外の発音がほとんどです。日本語検定の一番上の「N1」保有者でさえ、「ちゅ」と発音していたのを聞いたことがあります。

　もう一つ苦手なのは「ボール」「大きい」など音引きや同じ音が重なる長音です。ベトナム語にも音を伸ばす単語は多いですが、「cũng（～も）」「phở（フォー）」など声調があり、同じ音を単純に伸ばすケースが少ないです。声調がなく、同じ音を伸ばすことに慣れておらず、「ボール」が「ボル」、「大きい」が「おきい」になったりします。

　逆に日本人にとってベトナム語は発音しにくい単語だらけ。その中でも特に難しいと筆者が感じるのは塩「muối」であります。カタカナでは「ムオイ」と書くしかないのですが、「mười（数字の10）」「muỗi（蚊）」「mới（新しい）」「mỗi（～のたびに）」と似たような発音の単語と混同されることが多いです。二重母音でただでさえ難しいうえに、上がる声調で難易度が増します。

　レストランで「ムオイをくれ」と言えば、上の単語の中では塩しかないと思うのですが、文脈を読まず、発音依存度が高いベトナム人はなかなか分かってくれません。日本人の苦労はひと「しお」です。

第2章

旅行編

ベトナムは英語を話せる人も多いですが、
外国語同士、通じないことも少なくありません。
「ベトナム語で話せると便利」な表現と単語を
収録しました。ぜひ、現地で使ってみてください。

Unit

21 空港で
Ở sân bay

ベトナムの空港にはぼったくる「白タク」も少なくありません。勧誘してくる運転手は特に気をつけた方がよいです。また、夕方などひどい渋滞に巻き込まれることもあるので、トイレは済ませておきましょう。

場所を尋ねる

タクシー乗り場はどこですか。	乗り場 タクシー at どこ **Điểm bắt tắc xi ở đâu?** ディエム バット タク スィ オ ドゥ
バス乗り場はどこですか。	停留所 バス **Trạm xe buýt ở đâu?** チャム セー ブイット オ ドゥ
どこで両替できますか。	替える お金 **Đổi tiền ở đâu được?** ドォイ ティエン オ ドゥ ドゥオック

両替所で

Xin hãy は相手に何かの作業をお願いする意味合いが強く、Vui lòng は丁寧さを際立たせる。

両替をお願いします。	please 両替 **Xin hãy đổi tiền.** シン ハイ ドオイ ティエン
1万円をお願いします。	お願いします 1万 **Vui lòng đổi mười nghìn yen.** ヴイ ロン ドオイ ムオイ ンギン イェン
レートはいくらですか。	レート 価値 how much **Tỷ giá bao nhiêu?** ティ ザー バオ ニエゥ	明らかにお金と分かる場合はドンを入れると逆に不自然になります。
50万ドンを崩してください。	替える 5 100 千 お金 細かい **Hãy đổi cho tôi năm trăm nghìn tiền lẻ.** ハイ ドオイ チョートーイ ナム チャム ンギン ティエン レエ

72

そのほか

私の荷物がでてきません。 Hành lý của tôi đã **bị** thất lạc.
〔荷物〕〔of〕〔受け身〕〔紛失する【失落】〕
ハイン　リィ　クア　トーイ　ダア　ビッ　タット　ラック

スーツケースが壊れています。 (Cái) va li **bị hỏng**.
〔類別詞〕〔スーツケース〕〔故障する〕
（カイー）　ヴァー　リ　ビッ　ホォン

SIM カードを買いたいです。 Tôi **muốn** mua thẻ SIM.
〔〜したい〕〔買う〕〔カード〕
トーイ　ムオン　ムア　テェ　シム

空港内の単語		両替やお金に関する単語	
空港	sân bay	現金	tiền mặt
税関	hải quan【海関】	細かいお金	tiền lẻ
搭乗ゲート	cổng lên máy bay	両替	đổi tiền
荷物	hành lý【行李】	硬貨	đồng tiền xu
スーツケース	(cái) va li	※ベトナムドンに硬貨はない。	
チェックインカウンター		レートが高い	tỷ giá cao
	quầy làm thủ tục	レートが安い	tỷ giá thấp
フライト	chuyến bay	会計する、お勘定	tính tiền
乗り継ぎ	quá cảnh	お金を下ろす	rút tiền

☆ 空港での注意点

● 空港、係員によりますが、荷物が重量オーバーのときなどに税関で賄賂をほのめかされることもあるようです。

● タクシーで行き先を伝えるときはスマホで画面を見せるなどして文字で伝えましょう。

Unit

22 タクシーで
Trong tắc xi

公共交通の貧弱なベトナムではタクシーでの移動が必須です。英語は通じないことの方が多いので、ベトナム語でコミュニケーションできるようにしましょう。

行き先を伝える

ロッテホテルに行ってください。

お願いします まで ホテル
Cho tôi đến khách sạn LOTTE.
チョー トーイ デン カック サッ ロッテ

何分くらいかかりますか？

かかる 約 how much 分
Mất khoảng **bao nhiêu phút**?
マット コォアン バオ ニエゥ フット

メーターを使ってください。

please 始動する メーター
Hãy bật công tơ mét.
ハイ バット コン ト メット

運転の指示

依頼の hãy は相手の主語（em など）が入っても入らなくても伝わります。ただ、相手への依頼の度合いが強い場合に主語を入れる傾向があります。

急いで［ゆっくり］運転してください。

運転する 速い ゆっくり もっと
(Em) hãy lái nhanh [chậm] hơn.
（エム） ハイ ライー ニャイン ［チャム］ ホン

右に［左に］曲がってください。

曲がる 右 左 命令
Hãy rẽ phải [trái] đi.
ハイ ゼェ ファアイ ［チャイ］ ディー

真っすぐ行ってください。

行く 真っすぐ 命令
Hãy đi thẳng đi.
ハイ ディー タン ディー

（目的地近くなどで）ゆっくりお願いします。

ゆっくりと
Hãy đi từ từ.
ハイ ディー トゥートゥー

そのほか

ここで止めてください。

止める at ここ
Hãy dừng ở đây.
ハイ　ズンー　オォ　ダイ

領収書をください。

give 私 領収書
Cho tôi hóa đơn.
チョー　トーイ　ホアー　ドン

（料金が）高すぎますよ。

過ぎる【過】 高い 強調文末詞
Quá đắt đấy.
クワー　ダット　ダイ

おつりは取っておいて。

留め置く【守】 おつり
Em **hãy** **giữ** lại tiền thừa.
エム　ハイ　ズゥ　ライ　ティエン　トゥア

タクシーに関する単語

ホテル	khách sạn【客栈】	領収書	hóa đơn【貨丹】
だいたい、約	khoảng	高い／安い	đắt / rẻ
かかる、失う	mất	おつり	tiền thừa
分	phút	タクシーを捕まえる	bắt tắc xi
メーター	công tơ mét	迎えに行く	đón
速い／遅い	nhanh / chậm	タクシー１台	một xe tắc xi
右／左	phải / trái	４人乗り	bốn chỗ
真っすぐ	thẳng	運転手	lái xe

☆ タクシーの注意点

● Grab、Go-Viet など配車アプリが増えており、慣れれば便利です。バイクタクシーも簡単に呼べて格安ですが、リスクがあるのでお薦めしません。

● メーターは「×1000」で表示されていることが多いです。20万ドン（≒920円）ならば200と大きな数字で書いています。

ベトナム語、垣間見える中国文化
市民感情は「嫌中」でもルーツ

　ベトナムの歴史は戦争の歴史と言っていいほど、他国との争いが絶えませんでした。その中で最も古くから戦ってきたのが中国です。中国（随、唐、漢）に支配されていたベトナムは10世紀に独立を果たしました。その後も国境を接する大国中国は常に仮想敵国でした。1979年には約1カ月の短期戦ながら「中越戦争」も勃発しました。市民には根強い反中・嫌中感情が今でも根付いています。しかし、言語を見るとベトナム語の発音は中国南部の広東語と似ています。Hà Nội（河内）、bất động sản（不動産）など漢字由来の単語も多いです。

　言葉は文化を反映します。中国の文化に根付いた言葉を知らずに使っているベトナム人も多いです。例えば、cổ đông（株主）は漢字で書くと「股東」となります。股は資本が二股、三股に枝分かれして株主から拠出されていることを意味します。東は「雇い主や資本家のことを『東家』と呼ぶ中国文化が影響しています」（中国文化に詳しい中国語発音講師の井田綾さん）。

　もう一つベトナム人になじみが深い言葉で、sư tử Hà Đông（ハドンのライオン）があります。嫉妬深い女性をからかう言葉で、多くのベトナム人が知ってはいますが、公にはあまり使わない隠語のようなものです。語源は11世紀頃の中国の文豪、蘇軾が詩で怖い奥さんのことを「河東獅子」と表現したことによります。このベトナム語読みが上の単語です。

　首都ハノイの西側にハドン（Hà Đông）区が存在するので、ここの出身の女性が嫉妬深かったと勘違いしているベトナム人も多いといいます。

グエン・スアン・フック首相（本稿執筆時点、⑥）は漢字で書くと「阮春福」になる

少子化対策でも「強権発動」
政府、「35歳までに2人目の子供を」

　2020年5月上旬、ベトナム政府は国民の早期の結婚と出産を奨励する政策を発表しました。30歳までに結婚し、35歳までに2人目の子供を持つことが望ましいとして、達成者には減税、住宅購入・教育などにかかる費用の補助といった恩恵を与えたのです。先進国でこんな政策が発表されたら非難が殺到しそうですが、そこは強権ベトナム。新型コロナでも感染者が出た村を完全封鎖するなど強権発動で封じ込めました。強引さも感じられる政策の背景には少子高齢化への危機感があります。

　世界銀行によると、ベトナムの合計特殊出生率（1人の女性が生涯に産む子供の数）はベトナム戦争が本格化した1960年には6.3でしたが、ドイモイ（刷新）政策の効果で経済が発展し始めた2000年以降は2前後が続きました。近隣のカンボジア（2.5）、ラオス（2.7）と比べても低いです。ホーチミン市では1.3と報道されており、日本（1.4）よりも低いのです。

　結婚奨励策についてベトナム国民からは「政府に奨励されたから結婚、出産するものではない」（日本で働く技能実習生、24）と冷ややかな声がある一方、「国の正式な施策なのでプレッシャーを感じる」（ハノイのOL、30）との声もあります。

　早く結婚し、子供を産んだ人への優遇策は実験として少子化の激しい地域で導入し、効果を見ながら地域、内容を拡大するとみられます。多様な生き方が尊重されるなか、優遇策が不公平感を生み出す恐れもあります。

ベトナム人の合計特殊出生率は年々低下している（ハノイ）

Unit

23 ホテルで
Tại khách sạn

一定レベル以上のホテルは英語が通じるところが多いですが、やや癖のある発音のベトナム人も中にはいます。ベトナム語で補足するといいでしょう。

フロントで

予約をしてあります。

ある 予約 部屋 事前に すでに
Tôi có đặt phòng trước rồi.
トーイ コー ダット フォン チュオック ゾーイ

チェックインをお願いします。

let 私 チェックイン
Cho tôi check in.
チョー トーイ チェック イン

> 英語の check in が通じる。nhận phòng でも OK。

この荷物を預かってください。

please keep 荷物 この
Làm ơn giữ hành lý này.
ラーム オン ズウ ハイン リー ナイ

トラブル

お湯［水］が出ません。

お湯 水
Không có nước nóng [nước].
コホン コー ヌオック ノン ［ヌオック］

トイレットペーパーがありません。

紙 トイレ【衛生】
Không có giấy vệ sinh.
コホン コー ザイー ヴェッ スィン

ワイファイがつながりません。

つながる
Wi-Fi **không** kết nối **được**.
ワーイファーイ コホン ケット ノイ ドゥオッ

タクシーを（1台）呼んでください。

1 台 タクシー
Cho tôi (một xe) tắc xi.
チョー トーイ （モッ セー） タク スィー

そのほか

部屋に忘れ物をしました。

【置き忘れる】【物】【中に】【部屋】
Tôi để quên đồ trong phòng.
トーイ デェ クエン ドー チョン フォン

料金は支払い済みです。

【過去形】【払う】【金】【文末詞】
Tôi **đã** trả tiền **rồi**.
トーイ ダア チャァ ティエン ゾーイ

近くにカフェはありますか？

【近く】【ここ】【ある】【カフェ店】
Gần đây có quán cà phê không?
ガン ダイ コー クワン カー フェー コホン

ホテルに関する単語

予約する	đặt	置く	để
部屋	phòng【房】	忘れる	quên
事前に	trước	支払う	trả tiền
どうか～してください	làm ơn	クレジットカード	thẻ tín dụng
保持する	giữ【守】	この近く、最近	gần đây
リュックサック	ba lô	カフェ店	quán cà phê
水［お湯］	nước [nước nóng]	博物館	bảo tàng【宝蔵】
トイレットペーパー	giấy vệ sinh	劇場	nhà hát

☆ ホテルの注意点

● 五つ星から格安ホテルまで幅広くあります。現地の人から評判を聞いて安全なところを選びましょう。

● 比較的治安が良いとされるベトナムですが、薬物、売春などの摘発は相次いでいます。

レストランで
Tại nhà hàng

ベトナム料理は日本人の口に合います。多くのレストランがありますが、英語や日本語が通じない店も少なくありません。最低限のベトナム語でも十分意思疎通できますよ。（p. 82-83 の絵辞典も活用してください）

入店する

4人入れますか？

〔行く〕〔4〕〔人〕〔可能〕
Đi bốn người **được không**?
ディー　ボン　ングオイ　ドゥオック　コホン

どのくらい待ちますか？

〔待つ〕〔大体〕〔how〕〔long〕
Chờ khoảng **bao lâu**?
チョー　コホアン　バオ　ロウ

個室はありますか？

〔ある〕〔部屋〕〔別の〕
Có phòng riêng **không**?
コー　フォン　ズィエン　コホン

注文する

> * Em ơi. はお店での呼びかけの決まり文句。

メニューを見せてください。

〔for〕〔私〕〔見る〕〔メニュー〕
Cho tôi xem thực đơn.
チョー　トーイ　セム　トゥック　ドン

一番おいしい料理はどれですか？

〔料理〕〔おいしい〕〔一番〕〔で〕〔ここ〕〔何〕
Món ăn **ngon nhất** (ở đây) là gì?
モン　アン　ンゴン　ニャット　（オォ　ダイ）　ラー　ズィー

すみません。ビールを1杯ください。

〔おーい〕〔1〕〔杯〕〔ビール〕
Em ơi*. **Cho tôi** một cốc bia.
エム　オーイ　チョー　トーイ　モット　コック　ビア

パクチー（香草）を入れないで。

〔禁止〕〔let〕〔香草〕〔入れる〕
Đừng cho rau thơm **vào**.
ドゥン　チョー　ザウ　トホム　ヴァオ

ちょっと辛いです。	料理　この　ほんの　辛い　少し **Món ăn này hơi cay một chút.** モン　アン　ナイ　ホイ　カイ　モッ　チュット	
注文したモノと違います。	それ　違う　〜と　種類　私　過去形　注文する **Nó khác với thứ tôi đã gọi.** ノー　カハック　ボーイ　トゥー　トーイ　ダア　ゴイ	
お会計をお願いします。	please　計算　お金　命令形 **Làm ơn tính tiền đi.** ラーム　オン　ティン　ティエン　ディー	

レストランに関する単語

待つ	chờ【徐】	ワイン	rượu vang
どのくらい（時間）	bao lâu	〜しないで	đừng
個室	phòng riêng	香草	rau thơm
メニュー	thực đơn【食丹】	入れる	vào
見る	xem	辛い	cay
料理	món ăn	注文する	gọi
おいしい	ngon	種類	thứ【種】
まずい	không ngon	お会計する	tính tiền

☆ レストランの注意点

● 露天で売っているフォーやバインミーなどはとてもおいしいのですが、衛生状態が良くないところもあります。

● 酒の密造がよく行われています。命に関わることもあるので密造酒、出所不詳の酒は飲まない方が無難です。

❧ ベトナム料理 ❧
menu

 お食事

牛肉フォー
phở bò （フォオ ボー）

鶏肉フォー
phở gà （フォオ ガー）

生春巻き
nem sống （ネム ソン）

揚げ春巻き
nem rán （ネム ザン）

ビーフン
bún （ブン）

春雨
miến （ミエン）

サンドイッチ
bánh mì （バイン ミー）

お好み焼き
bánh xèo （バイン セオ）

チャーハン
cơm chiên （コム チエン）

白いご飯
cơm trắng （コム チャン）

おこわ
xôi （ソイ）

スープ
súp （スップ）

お箸
đũa （ドゥア）

スプーン
thìa （ティア）

フォーク
nĩa （ニィア）

「すみません」Em ơi. （エム オーイ）

「水をください」
Cho tôi nước. （チョー トイ ヌオック）

「お会計して」Tính tiền. （ティン ティエン）

⭐ 南部では、生春巻きを gỏi cuốn、スプーンを muỗng と言います。

コーヒー
cà phê (nóng)
（カフェ ノン）

アイスコーヒー
cà phê đá（カフェ ダア）

ドリンク

ワイン
rượu vang
（ズィオッ ヴァン）

ウイスキー
rượu whisky
（ズィオッ ウイスキ）

紅茶
trà đen（チャー デン）

緑茶
trà xanh（チャー サイン）

オレンジジュース
nước cam（ヌオック カム）

レモンソーダ
sô đa chanh
（ソダー チャイン）

ビール
bia（ビア）

コーラ
cô ca（コー カー）

デザート

チェー chè（チェー）

アイス kem（ケム）

シントー
sinh tố（スィン トー）

ヨーグルト
sữa chua（スア チュア）

ケーキ
bánh ngọt（バイン ンゴット）

チョコレート
sô cô la（ソコラー）

Unit

25 道を尋ねる
Hỏi đường

ベトナムの人はあまり道案内が得意ではないように感じます。ただ、地元の人の知識は貴重ですから、スマホでダブルチェックするなどうまく活用すると良いと思います。(p. 86-87 の絵辞典も活用してください)

話しかける

すみません、ちょっとお尋ねします。	(for)(私)(尋ねる)(少し) **Xin lỗi. Cho tôi hỏi** một chút. シン ロォイ チョー トーイ ホォイ モッ チュッ
道に迷ってしまいまして。	(私)(受け身)(迷う)(道)(文末詞) Tôi **bị lạc đường** rồi. トーイ ビッ ラック ドゥオン ゾーイ
この通りの名前は何ですか?	(名前)(of)(類別詞)(道)(この) **Tên** của con đường này **là gì?** テン クゥア コン ドゥオン ナイ ラー ズィー

目的地を訪ねる

＊「con」は本来生き物に付く類別詞なのですが、道や川など長大なものにはつきます。竜になぞらえているとされます。

市場に行きたいです。	(行く)(市場) **Tôi muốn đi** chợ. トーイ ムオン ディー チョッ
デウーホテルはどこですか?	(ホテル)(デウー)(どこで)(文末詞) Khách sạn Đaewoo **ở đâu** vậy? カック サン デウー オォ ドウ ヴァイ
教会までどのくらいですか?〈距離〉	(赴く)(教会)(how)(far) Tới nhà thờ **bao xa?** トーイ ニャー トー バオ サー
駅まで歩いて何分ですか?	(かかる)(how)(long)(to)(walk)(～に)(駅) **Mất bao lâu** để đi bộ tới nhà ga? マッ バオ ロウ デ ディーボッ トーイ ニャーガー

84

そのほか

歩いて行けますか？

私　可能　歩く

Tôi có thể đi bộ được không?

トーイ　コー　テェ　ディーボッ　ドゥオック　コホン

タクシーはどこで拾えますか。

捕まえる　タクシー　どこで　可能

Bắt tắc xi ở đâu được?

バッ　タック シー　オォ　ドウ　ドゥオッ

（スマホや地図を見せて）今ここですよね？

私　現在進行　at　場所　ここ　文末詞

Tôi đang ở vị trí này nhỉ?

トーイ　ダン　オォ ヴィ チー　ナイ　ニィィ

道案内に関する単語

道に迷う	bị lạc đường	市場	chợ
どのくらい（距離）	bao xa	教会	nhà thờ【家祠】
名前	tên	駅	nhà ga
道	(con) đường	オペラハウス	nhà hát lớn
示す、教える	chỉ【指】	歩いて行く	đi bộ【歩】
助ける	giúp (đỡ)	～で（手段）	bằng
～の方法	cách【格】＋動詞	地図	bản đồ【版途】
赴く、～へ	tới	スマホ	điện thoại thông minh
時間がかかる	mất (thời gian)		(ĐTTM)【電話聡明】

☆ 道を尋ねるときの注意点

● 「知らない」と言うと申し訳ないと思うからか、よく知らないのに「真っすぐ」とか教える人もいます（筆者の経験）。情報の裏を取りましょう。

● 歩いて移動する場合は横断歩道に気を付けましょう。青信号で歩行者がいても車はまず止まってくれません。

街の中の単語

※実際の地図、位置関係とは異なるところがあります。

レストラン
nhà hàng
ニャーハン

ホテル
khách sạn
カックサン

映画館
rạp phim
ザップフィム

銀行
ngân hàng
ンガンハン

駅
nhà ga
ニャーガー

カフェ
quán cà phê
クアンカフェ

Bắc（北）
バック

Tây（西）
タイー

Đông（東）
ドング

Nam（南）
ナーム

右に曲がる	rẽ phải ゼエェ ファイ
左に曲がる	rẽ trái ゼエェ チャイ
真っすぐ	đi thẳng ディ タハーン

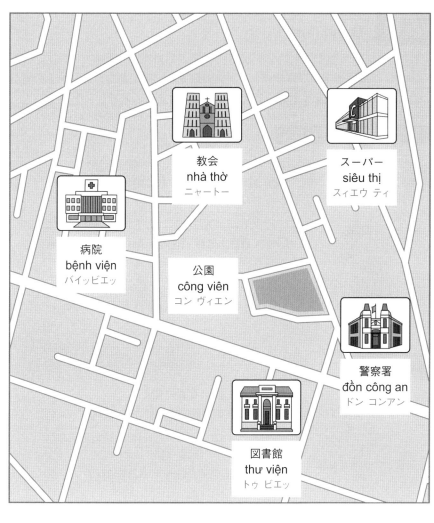

教会
nhà thờ
ニャートー

スーパー
siêu thị
スィエウ ティ

病院
bệnh viện
バイッビエッ

公園
công viên
コン ヴィエン

警察署
đồn công an
ドン コンアン

図書館
thư viện
トゥ ビエッ

┃便利フレーズ┃ 地図上の単語を当てはめて言ってみましょう。

私は ☐ に行きたい。　Tôi muốn đi đến ☐ .

☐ に行ってください。 Cho tôi đến ☐ .

☐ はどこですか？　☐ ở đâu?

Unit
26 観光
Danh lam

ベトナムは世界遺産から町歩きまで多くの観光地、観光施設があります。新型
コロナウイルスが収束すれば、観光客も大幅に増えることでしょう。

観光地、観光施設に行く

水上人形劇が見たいです。

私 / したい / 見る / 水上人形劇
Tôi muốn xem múa rối nước.
トーイ　ムオン　セム　ムア　ゾイ　ヌオック

この辺に観光地はありま
すか？

この辺に / ある / 観光地
Gần đây có điểm du lịch **không**?
ガン　ダイ　コー　ディエム　ズーリック　コホン

観光ツアーに行きたいで
す。

私 / したい / 行く / 団体旅行
Tôi muốn đi du lịch theo đoàn.
トーイ　ムオン　ディー　ズーリック　テオ　ドァン

観光地にて

*「gì（何？）」の直前に名詞が来ると、
「何の〜」という聞き方になります。

チケットが必要ですか？

必要 / must / 買う / 券
Cần (phải) mua vé **không**?
カン　（ファアイ）　ムア　ヴェー　コホン

子供もチケットが必要で
すか？

子供 / 必要 / 券
Trẻ em có **cần** vé **không**?
チェー　エム　コー　カン　ヴェー　コホン

ここで写真を撮ってもい
いですか？

at / ここ / 撮る / 写真 / 可能
Ở đây chụp ảnh **được không**?
オォ　ダイ　チュップ　アイン　ドゥオッ　コホン

これは何の展示ですか？

これ / は / 展覧 / 何 / 文末詞
Đây là **triển lãm gì*** vậy?
ダイ　ラー　チエン　ラァム　ズィー　ヴァイ

そのほか

| 出口はどこですか？ | **Lối ra** (出口) **ở đâu** (どこ)? |
| | ロイ ザー オォ ドウ |

| お土産は買えますか？ | Tôi (私) **có thể mua** (買う) quà (土産) **ở** (at) **đâu** (どこ)? |
| | トーイ コー テェ ムア クワァ オォ ドウ |

| ここに座ってもいいですか？ | Tôi (私) ngồi (座る) ở đây (ここ) **có được không** (許可)? |
| | トーイ ンゴイ オォ ダイ コー ドゥオック コホン |

観光に関する単語

水上人形劇	múa rối nước	展示、展覧	triển lãm【展覧】
観光地（小）	điểm du lịch	出口／入り口	lối ra / lối vào
観光名所（大）	danh lam thắng cảnh	お土産	quà (tặng)
観光ツアー	du lịch theo đoàn	絵はがき	bưu ảnh【郵影】
チケット	vé	座る	ngồi
子供（小学生以下）	trẻ em	買う／売る	mua / bán
赤ちゃん	em bé	割り引く	giảm giá
写真を撮る	chụp ảnh	マッサージ	mát xa

☆ 観光するときの注意点

● 観光地でスリやひったくりの被害にあうケースが多いです。

● 軍の施設、お墓などを不用意に撮影すると思わぬトラブルになることもあります。

Unit
27

買い物①
Mua sắm (Shopping)

ベトナムはアオザイ、民芸品、焼き物など女性にとってうれしい土産物がたくさんあります。通貨ドンの桁が多く円換算が難しいので、慣れないうちは気を付けましょう。

お店に行く

アオザイはどこで買えますか？

場所　どの　売る　アオザイ
Chỗ nào bán áo dài?
チョオ　ナオ　バン　アオ ザーイ

この辺にスーパーはありますか？

この辺　ある　スーパー
Gần đây có siêu thị **không**?
ガン　ダイ　コー　スィエゥ ティ　コホン

一緒に買い物に行きましょう。

我々　一緒に　行く
Chúng ta cùng nhau shopping đi.
チュン　ター　クウン　ニャゥ　ショッピング　ディー

買い物中に

＊「Cho tôi + 動詞」は「〜させて」の決まり文句なのでぜひ使えるようにしましょう。

これ [あれ] を見せてください。

見る　もの　この　あの
Cho tôi xem cái này [kia].
チョー トーイ　セム　カイー ナイー　[キア]

これはいくらですか？

how　much　お金
Cái này **bao nhiêu tiền**?
カイー ナイー　バオ　ニェゥ　ティエン

値引きしてくれませんか？

減らす　価格　可能
Giảm giá được không?
ザーム　ザー　ドゥオック　コホン

違う色のものはありますか？

ある　色　違う
Có **màu khác** không?
コー　マオ　カハック　コホン

90

そのほか

少し高いです。	Hơi đắt một chút.

やや 高い 少し

ホイ ダット モッ チュット

自分で選びたいです。	Tôi **muốn** tự mình chọn.

私 したい 自分で 選ぶ

トーイ ムオン トゥ ミン チョンッ

クレジットカード使えますか？	Trả bằng thẻ tín dụng được không?

払う 〜で クレジットカード 許可

チャァ バン テェ ティン ズン ドゥオック コホン

買い物に関する単語

アオザイ（民俗衣装）	áo dài	自分で	tự (mình)
スーパー	siêu thị【超市】	選ぶ	(lựa) chọn
買い物	mua sắm / shopping	袋	túi
一緒に	cùng (nhau)	茶わん	bát【鉢】/ chén
〜も（also）	cũng	箸	đũa
これ／あれ	cái này / cái kia	バッチャン焼き	gốm sứ Bát Tràng
色	màu	お茶	trà
違う、異なる	khác (nhau)	カシューナッツ	hạt điều

☆ 買い物するときの注意点

● ざっくり言うと、**10万ドン（VND）**で約**500円**です。円に換算するには、「下3桁の0を取って5倍」と筆者は覚えていました。

● 土産物は少数民族や農民の貴重な現金収入です。もともと安いので、割引要求はほどほどにしましょう。

Unit 28

買い物②
Mua sắm (Shopping)

より楽しく、良い商品を買うには意思疎通が重要です。観光客相手ではない店は英語が通じない半面、掘り出し物がある可能性も高いです。

洋服を買う

このシャツの生地は何ですか？
*「綿」bông、「麻」gai、「絹」lụa

> シャツ　この　　素材　　布　何
> **Áo** này **chất liệu vải** gì?
> アオ　ナイー　チャット　リェウ　ヴァアイ　ズィー

試着をさせてください。

> let　私　着る　試す
> Cho tôi **mặc thử**.
> チョー　トーイ　マック　トゥフー

赤いスカートを買います。

> 私　買う　スカート　色　赤
> Tôi mua váy màu đỏ.
> トーイ　ムア　ヴァイ　マオ　ドォォ

雑貨を買う

 *ベトナム語は形容詞に「rất（とても）」「quá（〜すぎ）」など副詞を付ける傾向があります。

木工品を探しています。

> 私　現在進行　探す　木工品
> Tôi **đang tìm** đồ gỗ.
> トーイ　ダン　ティム　ドォ　ゴォ

バッチャンの花瓶はありますか？
*「バッチャン」は焼き物の名産地。

> ある　花瓶
> **Có** lọ hoa Bát Tràng **không**?
> コー　ロッ　ホア　バッチャーン　コォホン

この財布は手作りですか？

> 類別詞　財布　この　作る　〜で　手　疑問形
> Cái ví này **làm bằng tay** à?
> カイー　ヴィー　ナイ　ラム　バン　タイ　アー

この刺しゅう入りのカバンはきれいです。

> 類別詞　カバン　刺しゅう　この　とても　きれい
> Cái giỏ thêu này **rất đẹp**.
> カイー　ゾオ　テウ　ナイ　ザッ　デップ

そのほか

ちゃんと包んでください。
＊「きれいに」thật đẹp

君 命令 包む 注意深く 助ける 私

Em hãy gói cẩn thận giúp tôi.
エム　ハイ　ゴイ　カァン　タハン　ズゥップ トーイ

全部でいくらですか？

総額 は how much お金

Tổng cộng là bao nhiêu tiền?
トン　　コンッ　ラー　バオ　ニェウ　ティエン

（服が）ぴったりです。
＊「きつい」chật

完了形 ぴったり 〜だよ

Vừa khít rồi.
ヴァ　キヒット　ゾーイ

衣料品、雑貨に関する単語

素材	chất liệu【質量】	赤	màu đỏ
生地	vải	青	màu xanh da trời
シャツ	áo (sơ mi)	緑	màu xanh lá cây
着る	mặc	財布	(cái) ví
試す	thử【試】	ハンドメイド	làm bằng tay
スカート	váy	刺しゅう	thêu
ズボン	quần	包む	gói
コート	áo khoác	注意深く	cẩn thận【謹慎】

☆ 買い物するときの注意点

● ハノイなら旧市街、ホーチミン市ならドンコイ（Đồng Khởi）通りにたくさんの衣料品店、雑貨屋があります。

● ブランド品のコピー商品も多数出回っていますが、厳密に言えば犯罪に加担する行為ですから買うのは控えましょう。

Unit
29 IT、スマホ
Công nghệ thông tin(CNTT), Điện thoại thông minh(ĐTTM)

ベトナムでも IT やスマホはすごい勢いで普及しています。ベトナム語の勉強に
も IT は役立ちますので、用語をしっかりと覚えましょう。

Wi-Fi を使う

ここに Wi-Fi はありますか？	<small>at ここ ある</small> **Ở** đây **có** Wi-Fi **không**? <small>オォ ダイ コー ワイファーイ コホン</small>
パスワードは何ですか？	<small>パスワード【密口】 何</small> **Mật khẩu** [Password] **là gì**? <small>マッ カハオ ［パスワー］ ラー ズィー</small>
ネットにつながりません。	<small>つながる ネットワーク</small> **Không thể kết nối** mạng rồi. <small>コホン テェ ケッ ノーイ マンッ ゾーイ</small>

web、機器設定など

> ベトナム語は語末をほとんど発音しないことが多いです。
> 「パスワード」というと逆に通じません。

ホームページはありますか？	<small>ホームページ</small> **Có** trang web **không**? <small>コー チャン ウェブ コホン</small>
便利なアプリ知ってる？	<small>君 知っている アプリ 便利な</small> **Em có biết** ứng dụng tiện lợi **không**? <small>エム コー ビエット ウン ズンッ ティエンロィ コホン</small>
代わりに設定してください。	<small>please 設定する 助ける 私</small> **Làm ơn cài đặt** giúp tôi. <small>ラーム オン カイー ダット ズウップ トーイ</small>
添付ファイルで送ってください。	<small>送る ある ファイル 添付</small> Hãy gửi email có **tập tin đính kèm**. <small>ハイ グウイ イーメル コー タップ ティン ディン ケム</small>

94

そのほか

テレワークがしたいです。
（在宅勤務）

（私）（したい）（働く）（at）（家）
Em muốn làm việc ở nhà.
エム　ムオン　ラム　ヴィエック オォ ニャー

充電するところはどこで
すか？

（場所）（充電する）（どこ）
Chỗ sạc pin ở đâu?
チョー　サック　ピン オォ　ドゥ

電話の電池がなくなりま
した。

（電話）*（過去）（切れる）（電池）（〜だよ）
Điện thoại đã hết pin rồi.
ディエンッ トワィッ　ダァ　ヘット　ピン　ゾーイ

＊ điện thoại（電話）というだけで、「携帯電話」のニュアンスになります。

🔵 IT、スマホに関する単語

パスワード	mật khẩu / password	テレワークする（コンピュータを使って）	
つながる	kết nối【結内】	làm việc (bằng máy tính) ở nhà	
ネットワーク	mạng	充電する	sạc pin
ホームページ	trang web	電池が切れる	hết pin
アプリ	(phần mềm) ứng dụng	ノートパソコン	máy tính xách tay
便利である	tiện lợi【便利】	携帯電話	điện thoại di động
設定する	cài đặt	モニター	màn hình
添付ファイル	tập tin đính kèm	キーボード	bàn phím【盤弾】

☆ IT、スマホの注意点

- ベトナムでは「歩きスマホ」はもちろん、バイク・車の「運転スマホ」も常態化しています。

- Wi-Fi はパスワードを設定していないところも多いです。セキュリティ管理には気を付けましょう。

Unit
30 体調不良
Tình trạng sức khỏe không tốt

海外で病気になると不安ですよね。ベトナムでは英語も日本語も通じる病院が増えていますが、とっさのフレーズを覚えていて損はありません。

病院に行く

医者に診察してほしいです。

〔私〕〔ほしい〕〔医師〕〔診察する〕
Tôi muốn bác sĩ **khám**.
トーイ　ムオン　バックスィイ　カハム

検査はできますか？

〔検査〕
Có **xét nghiệm** được không?
コー　セット　ンギエム　ドゥオッ　コォン

1番近い病院はどこですか？

〔病院〕〔近い〕〔最も〕〔at〕〔どこ〕〔文末詞〕
Bệnh viện gần nhất ở đâu vậy?
バイッ　ヴィエッ　ガン　ニャット　オォ　ドゥ　ヴァイ

症状を説明する

「khó」「thở」などhが入る単語はしっかりとhの音を発音しましょう。「コホー」「トホー」のイメージです。

熱があります。

〔私〕〔受け身〕〔熱がある〕
Tôi **bị sốt**.
トーイ　ビッ　ソット

おなかが痛いです。

〔痛み〕〔腹〕
Tôi **bị đau** bụng.
トーイ　ビッ　ダオ　ブンッ

呼吸が苦しいです。

〔難しい〕〔呼吸〕
Tôi **bị khó** thở.
トーイ　ビッ　コホー　トホー

肺炎の疑いがあります。

〔可能性〕〔あり〕〔be〕〔受け身〕〔肺炎〕
Có thể là bị viêm phổi.
コー　テェ　ラー　ビッ　ヴィエム　フォイ

そのほか

救急車を呼んでください。

please **呼ぶ** **救急車**
Vui lòng **gọi xe cứu thương**.
ヴイ　ロン　ゴイッ　セェ　キュウ　トゥオン

病室はありますか？

ある **病室**
Có **phòng bệnh** không?
コー　フォン　バイッ　コホン

私は抗生物質にアレルギーがあります。

アレルギー **with** **薬** **抗生**
Tôi bị **dị ứng** với thuốc kháng sinh.
トーイ　ビッ　ズィ　ウング　ボーイ　トゥオック　カハン　スィン

体調不良に関する単語

医者	bác sĩ【博士】	新型コロナ	Corona
看護師	y tá【医佐】	検査	xét nghiệm
診察する	khám	病室	phòng bệnh【房病】
救急車	xe cứu thương	隔離	cách ly【隔離】
病院	bệnh viện【病院】	アレルギー	dị ứng【異応】
（高い）熱がある	bị sốt (cao)	抗生物質	thuốc kháng sinh
腹が痛い	đau bụng	風邪薬	thuốc cảm
頭が痛い	đau đầu	薬局	nhà thuốc
下痢をしている	bị tiêu chảy	入院する	nhập viện【入院】

体調不良時の注意点

● まずは日本語か英語が通じる病院を探しましょう。処方箋なしで買える薬も多いですが、服用には注意が必要です。

● 救急車は原則有料とされています。交通渋滞もひどいので、症状と状況を総合的に考えて判断しましょう。

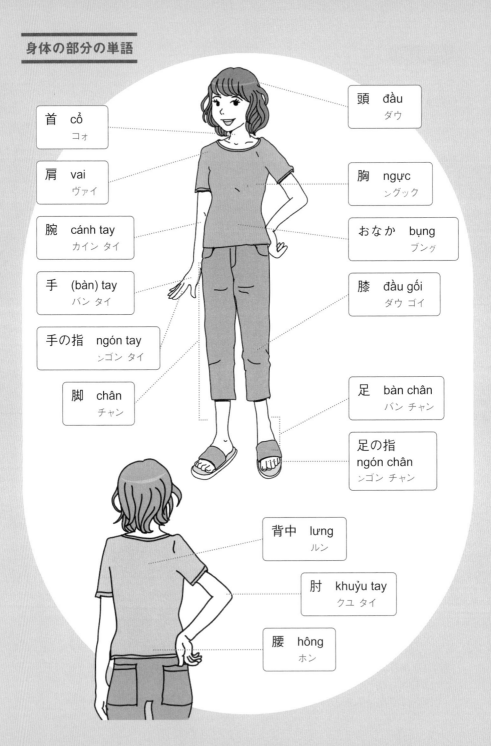

首　cổ
コォ

肩　vai
ヴァイ

腕　cánh tay
カイン　タイ

手　(bàn) tay
バン　タイ

手の指　ngón tay
ンゴン　タイ

脚　chân
チャン

頭　đầu
ダウ

胸　ngực
ングック

おなか　bụng
ブング

膝　đầu gối
ダウ　ゴイ

足　bàn chân
バン　チャン

足の指
ngón chân
ンゴン　チャン

背中　lưng
ルン

肘　khuỷu tay
クユ　タイ

腰　hông
ホン

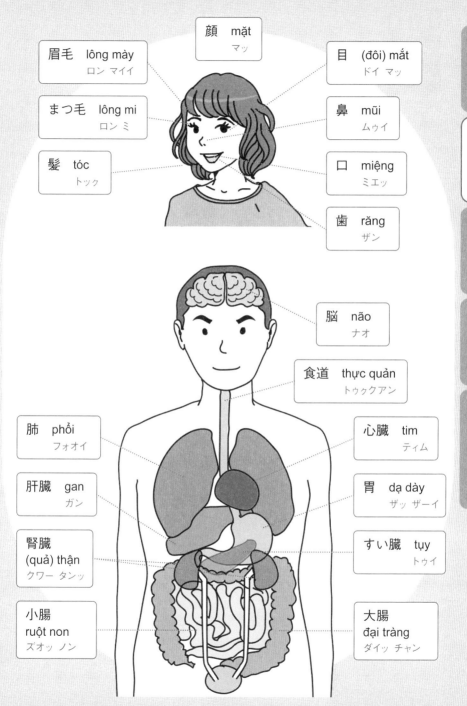

顔　mặt
マッ

眉毛　lông mày
ロン マイイ

目　(đôi) mắt
ドイ マッ

まつ毛　lông mi
ロン ミ

鼻　mūi
ムゥイ

髪　tóc
トック

口　miệng
ミエッ

歯　răng
ザン

脳　não
ナオ

食道　thực quản
トゥックアン

肺　phổi
フォオイ

心臓　tim
ティム

肝臓　gan
ガン

胃　dạ dày
ザッ ザーイ

腎臓
(quả) thận
クワー タンッ

すい臓　tụy
トゥイ

小腸
ruột non
ズオッ ノン

大腸
đại tràng
ダイッ チャン

Unit 31

トラブル
Trắc trở / khó khăn

海外での出張や旅行ではトラブルは付き物。傷を最小限に抑えるためには初動が大事です。慌てず、大きな声で助けを呼びましょう。

犯罪にあう

緊急です。警察を呼んでください。

（緊急）（please）（呼ぶ）（警察）
Khẩn cấp! Hãy gọi cảnh sát.
カーン　カップ　ハイ　ゴイッ　カイン　サット

殴られました。

（私）（過去形）（受け身）（殴る）
Tôi đã bị đánh.
トーイ　ダァ　ビッ　ダイン

財布をすられたようです。

（おそらく）（盗む）（財布）
Có thể là bị lấy cắp ví.
コー　テェ　ラービッ　ライ　カップ　ヴィー

モノをなくす、人とはぐれる

> ベトナムではスマホが普及しており、「電話」というだけでスマホを意味することが多いです。

レストランにスマホ（※「電話」）を忘れました。

（私）（忘れる）（電話）（に）（レストラン）（過去形）
Tôi quên điện thoại trong nhà hàng rồi.
トーイ　クエン　ディエンットワイッ　チョン　ニャー　ハン　ゾーイ

パスポートをなくしました。

（私）（失くす）（パスポート）
Tôi mất hộ chiếu rồi.
トーイ　マット　ホッ　チウ　ゾーイ

お金貸してくれます？

（貸す）（金）
Cho vay tiền được không?
チョー　ヴァイ　ティエン　ドゥオック　コホン

友達とはぐれてしまいました。

（私）（過去形）（受け身）（はぐれる）（友達）
Tôi đã bị lạc mất bạn bè.
トーイ　ダァ　ビッ　ラック　マット　バンッ　ベー

そのほか

これ以上ついてくるな。	**Đừng** theo tôi nữa. ドゥン　テオ　トーイ　ヌゥア

| | ～するな　従う　私　これ以上 |

助けてください。	**Vui lòng** giúp tôi. ヴイ　ロン　ズウゥプ　トーイ

please　助ける　私

日本語［英語］が話せる人はいますか？	いる　だれか　話す　できる　言葉　日本 Có ai đó **nói được tiếng Nhật** コー　アイ ドー　ノイ　ドゥオック　ティエン　ニャット 英 [Anh] không? ［アイン］　コォン

🔍 トラブルに関する単語

緊急	khẩn cấp【緊急】	友達	bạn (bè)
警察	cảnh sát【警察】	うるさい、騒がしい	ồn
消防	cứu hỏa【救火】	誰か	ai đó
殴る	đánh【打】	通訳する	phiên dịch【訳】
取る、盗む	lấy cắp	探す	tìm【尋】
金がなくなる	hết tiền	お金を借りる	vay tiền
困る	khó khăn	辞書	từ điển【辞典】
はぐれる	lạc mất	賄賂	hối lộ【賄賂】

☆ トラブル時の注意点

- まずは現地人の頼れそうな人を探すのが一番です。日本語、英語で話すことが最優先で、ベトナム語は最後の手段です。

- 警察は日本のようには動いてくれないこともあります。現地の人に聞いて、どうしたらいいか相談するのがよいでしょう。

軍出身の元書記長が残した武器
IT立国の礎、90年代から

　ベトナムの最高指導者である共産党書記長を軍出身者として初めて務めたレ・カ・フュー氏が2020年8月7日、88歳で死去しました。フランスからの独立戦争、ベトナム戦争、カンボジア内戦に伴う同国への侵攻などベトナムが経験した数々の戦争に従軍しました。英雄として国民の支持も厚かった同氏はベトナムが進める「IT立国」の礎も作ったのです。

　1997年、ベトナムは正式にインターネットを導入しました。しかし、当初は「国家機密が漏れる」「体制批判など好ましくない情報が拡散してしまう」など反対意見を持つ政治家も多かったと言われます。

　94年に米国による経済制裁が解除され、95年に東南アジア諸国連合（ASEAN）に加盟したベトナムは政治経済の両面で海外との交流が増え、"世界デビュー"を果たしたばかりです。当時のベトナムからすればリスクの方が大きいと思えたのでしょう。

　97年12月に共産党書記長に就任したフュー氏は通信分野の市場を開放し、IT産業の育成を奨励する「指示58」など重要な規定を作りました。ベトナムのIT最大手FPTをはじめ、IT企業が続々と育っていきました。FPT創業者のチュオン・ザー・ビン会長は「フュー氏がともした明かりは20年の時を経て大きな火の玉となってベトナムのIT立国を支えている」と地元紙のインタビューに答えています。

　ベトナム戦争終結から2020年で45年。従軍経験のある政治家は少なくなりました。フュー氏がIT育成に熱心だったのは情報こそが世界で生き抜く強力な武器になるということを分かっていたからなのかもしれません。

第 3 章

生活編

ベトナムに留学したり、赴任したりしたときに
役立つ表現を集めました。ほんのひと言でも、
ベトナム語で話すと現地の人と仲良くなれますよ。

Unit
32 初対面のあいさつ
Lời chào khi gặp lần đầu tiên

ベトナム訪問で誰かに出会った時や、ベトナムで生活を始めるときには勇気を出してベトナム語であいさつしてみましょう。

初対面で

こんにちは。田中みずほです。 ★ 固有名詞は伸ばし気味に言います。	(こんにちは) (私) (名前) **Xin chào. Tôi tên là** Mizuho Tanaka. シン　チャオ　トーイ　テン　ラー　ミズホー　タナカー
東京から来ました。 ★「東京出身」と言うときにも使う。	(私) (来る) (から) **Tôi đến từ** Tokyo. トーイ　デン　トゥー　トキオー
あなた〈年上女性〉のお名前は何ですか？ ★ 明らかな年下なら主語をEmに。	(あなた) (名前) (は) (何) **Chị tên là gì?** チッ　テン　ラー　ズィー
会えてうれしいです。	(とても) (歓喜) (できる) (知り合う) **Rất hân hạnh được làm quen.** ザッ　ハン　ハインッ　ドゥオック　ラム　クエン

自己紹介、相手のことを聞く

Xin chào. は店員などが言う言葉です。初対面以外は Chào em / anh / chị. であいさつしましょう。

私は教師 [大学生] です。	(私) (は) (教員) (大学生) **Tôi là giáo viên [sinh viên].** トーイ　ラー　ザオ　ビエン　[スィン　ビエン]
トゥーイさんの友達です。	(私) (は) (友達) (of) **Tôi là bạn của chị Thủy.** トーイ　ラー　バンッ　クゥア　チッ　トゥイー
あなたのお仕事は何ですか。	(仕事) (of) (あなた) (は) (何) **Công việc của chị là gì?** コン　ヴィエック　クゥア　チッ　ラー　ズィー

そのほか

はじめてベトナムに来ました。	私 来る 初めて **Tôi đã đến** Việt Nam **lần đầu tiên.** トーイ ダア デン ヴィェッ ナム ラン ダウ ティエン
ベトナムが大好きです。	私 very 好き **Tôi rất thích** Việt Nam. トーイ ザット ティック ヴィエッ ナーム
久しぶりです。 〈ベトナム人との再会〉	過去 long already 否定 会う **Đã lâu rồi không gặp.** ダア ロウ ゾーイ コォン ガップ
日本に来たことがありますか。	あなた 過去 かつて 来る 日本 経験 **Chị đã từng đến** Nhật Bản **chưa?** チッ ダア トゥン デン ニャット バン チュア

初対面のあいさつに関する単語

あいさつ	lời chào	友達	bạn (bè) 【伴】
名前	tên	仕事	công việc 【公役】
～から来る／出身	đến từ	初めて	lần đầu tiên
うれしい、光栄だ	hân hạnh	好きだ	thích 【適】
知り合う	(làm) quen 【慣】	会う	gặp
会社員	nhân viên công ty	かつて	từng / trước đây

☆ あいさつする時の注意点

● ベトナム人は基本的にファーストネームしか言わないです。聞き取りづらいので、名刺をもらうか書いてもらうのがよいです。

● 日本のような引っ越し時の挨拶は不要ですが、会ったときに一言かけるようになれば自然と仲良くなれます。

Unit
33 スーパー、コンビニ
Siêu thị / Cửa hàng tiện lợi

イオンやファミリーマートが進出するなど日本と同じような小売店が増えています。ただ、スーパーでは万引き防止のため、入店前にかばんを預ける店が多いです。

入店する

荷物をどこに預けるのですか？

カウンター 預ける 荷物 at どこ
Quầy gửi đồ ở đâu?
クワイ グウィ ドー オォ ドウ

レジはどこですか？

カウンター 会計
Quầy tính tiền* ở đâu?
クワイ ティン ティエン オォ ドウ

米ドルで払えますよね？

払う 〜で ドル 米
Có thể trả bằng Đo-la Mỹ à?
コー テェ チャー バン ドラー ミィィ アー

店員に質問する

> * tiền（お金）はしっかり下げて発音しないと通じません。

日本のしょうゆはありますか？

ある しょうゆ 日本
Có xì dầu Nhật (Bản) không?
コー スィー ゾウ ニャット （バン） コホン

ちょっと。牛乳はどこかしら？

牛乳
Em ơi. Sữa ở đâu?
エム オイ スウア オォ ドウ

違う種類のパンはありますか？

ある パン 種類 違う
Có bánh mì loại khác không?
コー バイン ミー ロアイッ カハック コホン

このコメはどこ産ですか？
〈生産国を尋ねる〉

コメ この 生産 at 国 どの
Gạo này sản xuất tại nước nào?
ガオッ ナイ サン スワット タイ ヌオック ナオ

⭐ 〜産 sản xuất tại ...「Gạo ＋国」で通じます。「タイ米」は Gạo Thái Lan。

そのほか

袋をもう1枚ください。	**Cho tôi** một cái túi nilon nữa.
	give 私 1 個 レジ袋 もっと
	チョー トーイ モット カイー トゥイ ニロン ヌア

クレジットカードは使えますか？	**Trả bằng** thẻ tín dụng **có được không**?
	支払う with クレジットカード
	チャァ バン テェティン ズンッ コー ドゥオック コォン

これはいりません [買いません]。	Tôi **không mua** cái này.
	私 not 買う もの この
	トーイ コォン ムア カイー ナイ

買い物に関する単語

荷物 [旅行以外]	đồ [đạc]	パン	bánh mì
カウンター	quầy	ヨーグルト	sữa chua
レジ	quầy tính tiền	果物	hoa quả【果】
会計	tính tiền	野菜	rau
支払う	trả tiền	違う種類	loại khác
米ドル	Đo-la Mỹ	コメ	gạo
しょうゆ	xì dầu【仕油】	生産（する）	sản xuất【産出】
砂糖	đường【糖】	国、水	nước
塩	muối	レジ袋	túi nilon
牛乳	sữa	クレジットカード	thẻ tín dụng

☆ 買い物をする時の注意点

● ベトナムドンの桁に慣れないうちはスマホなどでレートを計算してから買いましょう。

● レジの人は日本語も英語も話せない人が多いです。スマホの画面を見せるなどして文字で会話するほうが容易です。

107

Unit 34 ファーストフード、カフェ
Nhà hàng thức ăn nhanh / Quán cà phê

ベトナムにはコーヒー店がとにかく多いです。個人経営や小規模なチェーンが多いですが、最近はスターバックスなど外資の大手も増えています。

注文する

英語のメニューを見せて。

(let) (私) (見る) (メニュー) (英語)
Cho tôi xem thực đơn tiếng Anh.
チョー トーイ セム トゥック ドン ティエン アイン

サンドイッチとオレンジジュースをください。

(give) (私) (サンドイッチ) (と) (ジュース) (オレンジ)
Cho tôi bánh mì **và** nước cam.
チョー トーイ バイン ミー ヴァー ヌオック カム

★ bánh mì（バインミー）は「パン」の総称だが、サンドイッチを指すことが多い。

持ち帰ります。
★「店内で食べる」ăn ở đây

(私) (will) (持って) (帰る)
Tôi sẽ mang về.
トーイ セェ マング ヴェー

店員に質問する

コーヒーを頼むときは「ホット」(nóng) か「アイス (đá)」かをほぼ必ず聞かれます。

温かいコーヒーはありますか？

(ある) (コーヒー) (ホット)
Có cà phê nóng **không**?
コー カー フェ ノン コホン

これは辛いですか？

(料理) (この) (辛い)
Món ăn này **có** cay **không**?
モン アン ナイ コー カイ コホン

フライドポテトも付きますか？

(付く) (フライドポテト)
Có kèm＊ khoai tây chiên **không**?
コー ケム↓ コホアイ タイ チエン コホン

テラス席はありますか？

(座席) (外)
Có chỗ ngồi ngoài **không**?
コー チョー ンゴイ ンゴアイ コホン

＊ kèm は kem（クリーム）、kém（劣る）と似ているので、しっかり下げる。

そのほか

日本語	ベトナム語
ぬるいです。取り替えて下さい。	(温かい) (please) (交換する) (他のもの) (ね) **Không** nóng. **Hãy** đổi cái khác nhé. コホン　ノン　ハイ　ドオイ　カイー　カハック　ニェー
どれがおいしいですか？	(食べ物) (どの) (が) (おいしい) Đồ ăn **nào thì** ngon? ドオ　アン　ナオ　ティー　ンゴン
お水を氷抜きでください。	(give) (私) (水) (なし) (氷) Cho tôi nước **không có** đá. チョー　トーイ　ヌオック　コホン　コー　ダア
タマネギ以外は野菜全部入れて。（サンドイッチで）	(please) (入れる) (全部) (各) (種) (野菜) **Hãy cho tất cả** các loại rau vào ハイ　チョー　タッ　カア　カック　ロアイッ　ザウ　バオ (除き) (タマネギ) **trừ** hành tây. チュー　ハイン　タイ

ファーストフード、カフェに関する単語

ハンバーガー	hăm-bơ-gơ	席	chỗ ngồi
コーラ	cô-la / coca	取り換える	đổi
（レモン）ソーダ	so-đa (chanh)	氷	đá
アイスコーヒー	cà phê đá	サラダ	sa lát
酸っぱい	chua	デザート	tráng miệng
アイスクリーム	kem	無料	miễn phí 【免費】

☆ ファーストフード、カフェに入る時の注意点

● 東南アジアでは衛生状態が良いとされるベトナムでも食中毒は頻発します。飲料の氷は入れない方が無難です。

● コーラは「コラー」のほうが通じるかもしれません。一部地域を除き、「コカ」のほうが通じやすいと思います。

Unit
35 カラオケ店
Quán Karaoke

ベトナムにはタイなどと同じような、女性が付いて接客してくれるカラオケ店がたくさんあります。大きなカラオケルームに大人数で入る方式が主流です。

入店する

| 5人入れますか？ | 行く 5 人 可能 **Đi** năm người **được không**? ディー　ナム　ングオイ　ドゥオック　コホン |

| 日本語を話せる人はいますか？ | いる だれか 話す 可能 日本語 **Có** ai nói được tiếng Nhật **không**? コー　アイ　ノイ　ドゥオック　ティエン　ニャット　コホン |

| 料金表を見せてください。 | please for 私 見る 表 価格 **Hãy cho tôi xem** bảng giá. ハイ　チョー　トーイ　セム　バァン　ザー |

会話する

ベトナムでは中島みゆき、五輪真弓、kiroro などが人気です。歌うと喜ばれます。

| 君はどんな歌を歌いますか？ | 君 したい 歌う 歌 どんな **Em muốn** hát bài hát nào? エム　ムオン　ハット　バイ　ハット　ナオ |

| 私は古い歌が好きです。 | 私 好き 歌 昔 **Tôi thích** bài hát ngày xưa. トーイ　ティック　バイ　ハット　ンガイ　スーア |

| 日本の歌を歌ってください。 | 君 please 歌う 歌 日本 **Em hãy** hát bài hát Nhật Bản. エム　ハイ　ハット　バイ　ハット　ニャット　バァン |

| 日本の歌手で誰が好き？ | 君 好き 歌手 どんな of 日本 **Em thích** ca sĩ nào của Nhật Bản? エム　ティック　カスィー　ナオ　クゥア　ニャット　バァン |

一緒にカラオケに行きましょう。

| 一緒に | 行く | 歌う | カラオケ | ね |

Cùng đi hát Karaoke nhé.

クゥン　ディー　ハット　カラオケー　ニェー

お店は何時までですか？

| いつ | 営業終了 |

Khi nào đóng cửa?

キヒー　ナオ　ドン　クゥア

音量を下げてください。

| please | 減らす | 音量 | 下に |

Hãy giảm âm lượng xuống.

ハイ　ザァム　アム　リォン　スオン

カラオケ店に関する単語

カラオケ店	quán Karaoke	減らす	giảm【減】
料金表	bảng giá	音量	âm lượng【音量】
歌う	hát	下げる、降りる	xuống
歌	bài hát	上げる、増やす	tăng
どんな〜	名詞＋ nào	ボトル	chai
歌手	ca sĩ【歌士】	ウーロン茶	trà ô lông
一緒に	cùng【共】	営業開始、営業中	mở cửa
営業終了する	đóng cửa	店員	nhân viên【人員】

☆ カラオケ店に入る時の注意点

● 日本人向け、現地人向けでカラオケ店の業態は違います。現地人向けの中にはいかがわしい店もあるようです。

● カラオケボックスとは違います。日本で言うバー、キャバクラに近いものです。日本の歌は普通に歌えます。

Unit 36 銀行
Ngân hàng

ベトナムにも多くの銀行があり、ベトイン銀行は三菱 UFJ 銀行、ベトコム銀行はみずほ銀行と提携しています（2020 年時点）。サービスも向上しつつあります。お金が絡むので、慣れていない人は信頼の置ける現地の人と行った方が良いです。

口座を開設する、両替する

口座を作りたいです。

〔私〕〔したい〕〔開設〕〔口座〕
Tôi muốn mở <u>tài khoản</u>.
トーイ　ムオン　モォ　タイ　コォアン

どんな書類が必要ですか？

〔必要〕〔書類〕〔どんな〕
Cần giấy tờ **nào**?
カン　ザイー　トー　ナーオ

日本円をドンに両替できますか？

〔両替する〕〔円〕〔〜に〕〔ドン〕〔可能〕
Đổi Yên **sang** Đồng có được không?
ドォイ　イェン　サン　ドン　コー　ドゥオック　コォン

お金を下ろす、送金する

外国人は窓口でパスポートの提示を求められることが多いので、持参した方がよい。

お金を下ろしたいです。

〔私〕〔したい〕〔下ろす〕〔お金〕
Tôi muốn rút tiền.
トーイ　ムオン　ズット　ティエン

手数料はいくらですか？

〔手数料〕〔how〕〔much〕
<u>Lệ phí</u> **bao nhiêu**?
レッ　フィー　バオ　ニェウ

日本に送金したいです。

〔私〕〔したい〕〔送金〕〔まで〕〔日本〕
Tôi muốn <u>chuyển tiền</u> đến Nhật Bản.
トーイ　ムオン　チュイエン　ティエン　デン　ニャッ　バァン

112

クレジットカードでキャッシングできますか?	私 下ろす 金 ～で クレジットカード **Tôi có thể** rút tiền bằng thẻ tín dụng トーイ コー テェ ズット ティエン バン テェ ティン ズン **được không**? ドゥオック コホン

そのほか

ネットバンキングはありますか?	ある サービス 銀行 オンライン **Có** dịch vụ ngân hàng trực tuyến **không**? コー ズィック ヴッ ンガン ハン チュック トゥイエン コホン
パスワード[暗証番号]を忘れました。	私 忘れる パスワード 過去形 **Tôi quên** mật khẩu rồi. トーイ クエン マット カハオ ゾーイ
キャッシュカードをなくしました。	私 なくす カード 銀行 **Tôi mất** thẻ ngân hàng rồi. トーイ マット テェ ンガン ハン ゾーイ

口座	tài khoản【財款】	サービス	dịch vụ【役務】
開設する、開ける	mở	オンライン	trực tuyến【直線】
両替する	quy đổi	忘れる	quên (bẵng)
～に、～へ	sang	慣れる	(làm) quen【慣】
振り込み、送金	chuyển tiền【転銭】	キャッシュカード	thẻ ngân hàng
引き出す	rút	預金通帳	sổ tiết kiệm
手数料	lệ phí	本店／支店	trụ sở / chi nhánh
書類、文書	giấy tờ【紙詞】	警備員	(người) bảo vệ【防衛】

☆ 銀行に行く時の注意点

● 慣れてしまえば、ATM、ネットバンキングなど日本以上に便利です。手数料は日本より格安です。

Unit
37 ゴルフ場
Sân gôn

ベトナムでは経済成長に伴い、ゴルフ場が増えてきました。ベトナム人ゴルファーも急速に増えており、仲良くなる良い機会です。

クラブハウスで

予約した田中です。	〔私〕 〔過去形〕〔予約する〕〔事前〕 **Tôi** là Tanaka, **đã có đặt trước**. トーイ ラー　タナカ　ダア　コー　ダット　チュオック
8時10分スタートです。 ★ 開始は bắt đầu も使う。	〔時間〕〔ティーオフ〕〔は〕〔8〕〔時〕〔10〕〔分〕 **Thời gian** phát bóng **là** tám giờ mười phút. トーイ　ザン　ファット　ボン　ラー　ターム　ゾー　ムオイ　フット
練習場はどこですか？	〔場所〕〔練習〕〔at〕〔どこ〕 **Sân tập ở đâu**? サン　タップ　オ　ドウ

キャディーとの会話

> フック、スライスは「右、左に曲がる」と独特の言い方をするので最初は戸惑います。

向かい風［追い風］ですか？	〔風〕〔逆の〕〔追う〕 **Gió ngược** [xuôi] **có phải không**? ゾー　ンゴック　［スオイ］　コー　ファイ　コホン
フック［スライス］ラインですか？ ★ 右利きの場合。	〔曲がる〕〔左〕〔右〕 **Rẽ trái** [phải] **có phải không**? ゼェ　チャイ　［ファアイ］　コー　ファイ　コホン
グリーンまで何ヤード？	〔まで〕〔グリーン〕〔how〕〔many〕 **Đến green bao nhiêu** yard? デン　グリーン　バオ　ニェウ　ヤード
ウォーターハザードまで何ヤード？ ★「湖」は hồ。	〔手前〕〔水〕〔how〕〔much〕 **Trước nước bao nhiêu** yard? チュオック　ヌオック　バオ　ニェウ　ヤード

そのほか

日本語	ベトナム語

キャディーをやって何年になるの？

（君）（する）（キャディー）（受け身）（how）（long）（過去形）
Em làm caddy được bao lâu rồi?
エム　ラム　キャディー　ドゥオック　バオ　ロウ　ゾーイ

次回もあなたを予約します。

（回）（次の）（私）（も）（will）（予約）（君）
Lần sau anh cũng sẽ đặt em.
ラン　サオ　アイン　クゥン　セェ　ダット　エム

これはあなたへのチップです。

（これ）（は）（チップ）（for）（君）
Đây là tiền boa [tip] cho em.
ダイ　ラー　ティエン　ボア　[チップ]　チョー　エム

ゴルフに関する単語

予約する	đặt	ウォーターハザード、水	nước
ティーオフ	thời gian phát bóng	マリガン（打ち直し）	mô-Li-gân
始める	bắt đầu	ドライバー	driver
練習場	sân tập	3番ウッド	ba gỗ
向かい風／追い風	gió ngược [xuôi]	5番アイアン	năm sắt
フック／スライス	rẽ trái [phải]	右［左］の方	bên phải [trái]
グリーン	green	セーフ、安全	an toàn【安全】
バンカー	bunker [cát]	落ち着いて	bình tĩnh【平静】

☆ ゴルフ場に行く時の注意点

● 東南アジアはどこもそうですが、キャディーは一人ずつ付きます。英語は話せない人が多いです。

● チップは筆者がハノイに駐在していたときは20万〜30万ドンが相場でした。多めに上げると熱心に仕事します。

38 手料理を振る舞う
Mon ăn tự tay làm

ベトナムでは日本料理店が増えており、すし、てんぷらなど日本食が好きなベトナム人が増えています。日本食の手料理はきっと喜ばれることでしょう。

お客様を迎える

Xin mời は料理を勧めるときにも使います。

いらっしゃい。上がってください。

丁寧語 招く please 入る 勧奨

Xin mời. Hãy vào đi.
シン　モォイ　ハイ　ヴァオ ディー

これは手土産です。

これ は 土産 for you

Đây là quà cho bạn.
ダイ　ラー　クワー　チョー　バンッ

遠慮しないで、くつろいで。

あなた not should 遠慮 する ね

Bạn **không nên khách khí** nhé.
バンッ　コォン　ネン　カハック　キヒー　ニェー

料理について話す

同い年くらいの人なら相手を bạn、自分を tôi と言ってもよいです。ただ、少しよそよそしい感じになります。

何か嫌いな食べ物はありますか？

あなた ある 嫌い 食べ物 何か

Bạn có **ghét món** gì không?
バンッ　コー　ゲート　モン　ズィー　コォン

エビが苦手です。

私 not 好き エビ

Tôi **không thích** tôm.
トーイ　コォン　ティッ　トム

日本食を食べたことある？

あなた 過去形 かつて 食べる 料理 日本

Bạn **đã từng ăn** món ăn Nhật?
バッ　ダァ　トゥン　アン　モン　アン　ニャッ

どんな日本料理が好き？

あなた 好き 料理 日本 どんな

Bạn **thích** món ăn Nhật **nào**?
バッ　ティッ　モン　アン　ニャット　ナオ

そのほか

少し味が薄いかしら？	(やや) (薄味な) (少し) (疑問) **Hơi nhạt một chút à?** ホイ　ニャット　モット　チュット　アー
塩をかけて食べて。	(please) (食べる) (〜と) (塩) (ね) **Hãy ăn với muối nhé.** ハイ　アン　ヴォーイ　ムオイ　ニェー
この料理のレシピを教えて。	(please) (教える) (方法) (調理) (料理) (この) **Hãy dạy cách nấu món ăn này.** ハイ　ザイッ　カック　ノウ　モン　アン　ナイ

料理に関する単語

招く	mời	魚	cá
入る	vào	卵	trứng
お土産	quà 【菓】	味が濃い	đậm đà
遠慮する	khách khí 【客気】	味が薄い	đậm nhạt
嫌い	ghét	教える	dạy
食品（食材含む）	thức ăn / đồ ăn	〜の仕方	cách 【格】＋動詞
料理	món ăn	揚げる	chiên / rán
えび	tôm	炒める	xào 【炒】
肉	thịt	煮る	nấu

☆ 料理する時の注意点

● ハノイ、ホーチミン市ではいろいろなものが手に入ります。市場のほうが割安ですが、目利き力が問われます。

● 野菜にしてもコメにしても、虫がついていることが多いです。日本のような衛生管理はあまり期待できないかもしれません。

家の中の単語

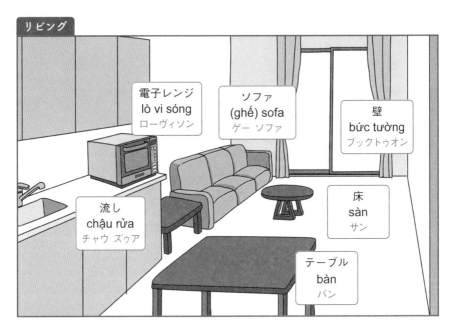

電子レンジ
lò vi sóng
ローヴィソン

ソファ
(ghế) sofa
ゲー ソファ

壁
bức tường
ブックトゥオン

流し
chậu rửa
チャウ ズゥア

床
sàn
サン

テーブル
bàn
バン

*「シャワーを浴びる」は tắm。

シャワーヘッド
vòi sen
ヴォイ セン

鏡
gương
グオン

洗濯機
máy giặt
マイ ザット

湯船
bồn tắm
ボン タァム

タオル
khăn
カハン

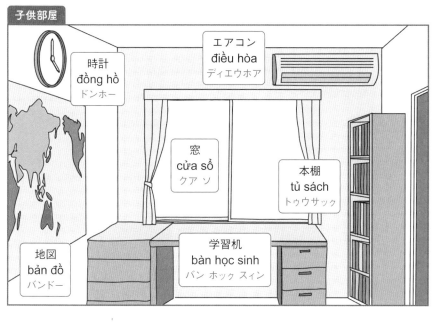

子供部屋

時計
đồng hồ
ドンホー

エアコン
điều hòa
ディエウホア

窓
cửa sổ
クア ソ

本棚
tủ sách
トゥウサック

地図
bản đồ
バンドー

学習机
bàn học sinh
バン ホック スィン

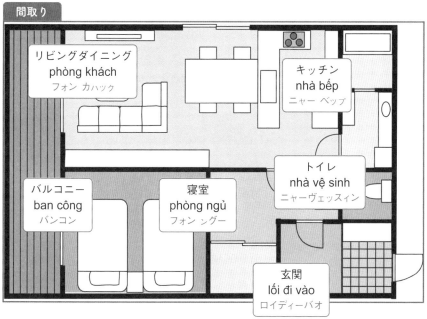

間取り

リビングダイニング
phòng khách
フォン カハック

キッチン
nhà bếp
ニャー ベップ

トイレ
nhà vệ sinh
ニャーヴェッスィン

バルコニー
ban công
バンコン

寝室
phòng ngủ
フォン ングー

玄関
lối đi vào
ロイディーバオ

Unit
39 ママ友と交流する
Giao tiếp với những người mẹ nuôi con nhỏ

ベトナムでは少子化が進む一方、教育熱心なお母さんが増えています。仲良くすれば、子育てに役立つ情報が得られるかもしれません。

話しかける

10歳以上は "Bao nhiêu tuổi ...?" と聞きます。

赤ちゃんは何歳ですか？

[赤ちゃん] [いくつ] [歳]
Em bé mấy tuổi?
エム　ベー　マイ　トゥオイ

うちには3人子供がいます。

[私] [いる] [3] [子供]
Tôi có ba đứa con.
トーイ　コー　バー　ドゥア　コン

「息子」は con trai、「娘」は con gái

どの幼稚園に行かせていますか？

[あなた] [させる] [子供] [学ぶ] [幼稚園] [どの]
Bạn cho con học mẫu giáo nào?
バッ　チョー　コン　ホック　マオ　ザオ　ナオ

質問、お願い

cho は使役、許諾などの意味の動詞、前置詞 (for) などいろいろな意味があります。

子供に英語を習わせたいです。

[私] [したい] [させる] [子供] [学ぶ] [英語]
Tôi muốn cho con học tiếng Anh.
トーイ　ムオン　チョー　コン　ホック　ティエン　アイン

子供を遊ばせる公園がありますか？

[ある] [公園] [どの] [させる] [子供] [遊ぶ]
Có công viên nào cho trẻ con chơi
コー　コン　ヴィェン　ナオ　チョー　チェー　コン　チョイ

[可能]
được không?
ドゥオック　コホン

子供服はどこで買っていますか？

[あなた] [買う] [服] [子供]
Bạn mua quần áo trẻ em ở đâu?
バッ　ムア　クアン　アオ　チェ　エム　オォ　ドウ

120

良い小児病院を知りませんか？

(あなた) (知る) (病院) (小児) (良い)
Bạn có biết bệnh viện nhi tốt **không**?
バッ　コー　ビエット　バイッ　ヴィエッ　ニー　トット　コホン

子供を連れて行けるレストランに行きたいです。

(私) (したい) (行く) (レストラン) (できる) (連れて)
Tôi **muốn** đi nhà hàng **có thể** đưa
トーイ　ムオン　ディー　ニャー　ハン　コー　テェ　ドゥア

(子ども) (従う)
trẻ em theo.
チェー　エム　テオ

今度一緒にランチしましょうね。

(いつか) (一緒に) (行く) (昼食) (ね)
Hôm nào cùng đi ăn trưa nhé.
ホン　ナオ　クウン　ディー　アン　チュア　ニェー

誕生日おめでとう。

(祝う) (誕生日)
Chúc mừng sinh nhật.
チュック　ムン　スィン　ニャット

子育てに関する単語

いくつ（10未満）	máy ＋名詞	公園	công viên【公園】
赤ちゃん／幼児	em bé / trẻ em	衣料品	quần áo
幼稚園	mẫu giáo【母教】	小児病院	bệnh viện nhi【病院児】
小学校	trường tiểu học	連れて行く	đưa
中学校	trường trung học cơ sở	今度、いつか	hôm nào
高校	trường trung học phổ thông	ランチ	ăn trưa

＊小学校を cấp 1（1級）、中学校を cấp 2、高校を cấp 3 と言うことが多い。

☆ 子育ての注意点

● ベトナムにも日本語学校、インターナショナルスクールが多数あります。

● 「駐妻」のネットワークで現地の友達の輪を広げていくと、仲良しができるでしょう。

Unit 40

美容院、理髪店
Thẩm mỹ viện / Tiệm cắt tóc

ベトナムでは路上に椅子を置いた青空床屋さんから本格美容院まであります。
至るところにあり、日本より数が多いような印象です。

基本的な会話

> 「カットトック」と日本語風にはっきり言うと通じません。
> 「カットッ」ぐらい極端に語尾を弱くします。

近くに床屋さんはあります
か？

近く / ここ / ある / 床屋
Gần đây có tiệm cắt tóc **không**?
ガン　　ダイ　コー　ティエム　カット　トッ　　コホン

カットはいくらですか？

切る / 髪 / how / much / お金
Cắt tóc bao nhiêu tiền?
カッ　トッ　バオ　ニェウ　ティエン

シャンプーをお願いしま
す。

please / 洗う / 頭 / 命令
Hãy gội đầu **đi**.
ハイ　ゴイッ　ダウ　ディー

髪染めはできますか？

染める / 髪
Nhuộm tóc **được không**?
ニュオム　　トック　ドゥオック　　コホン

質問、要望

美容師の経験はどれくら
い？

君 / する / 美容師 / 受け身 / how / long / 過去形
Em làm thợ uốn tóc được **bao lâu** rồi?
エム　ラム　トッ　ウォン　トック　ドゥオック　バオ　ロウ　ゾーイ

もう少し短く切ってもら
える？

please / 切る / 短く / もっと / 命令
Hãy cắt ngắn nữa **đi**.
ハイ　カット　ンガン　ウア　ディー

切りすぎです。

君 / 切る / 過ぎる
Em cắt **quá** rồi.
エム　カット　クワー　ゾーイ

そのほか

パーマをかけてください。	please	パーマ	かける	命令

Làm ơn uốn tóc đi.
ラーム　オン　ウォン　トック　ディー

はやりの髪型にしてください。	please	する	for	私	髪型		はやり

Hãy làm cho tôi kiểu tóc thịnh hành.
ハイ　ラム　チョー　トーイ　キェウ　トック　ティンッ　ハイン

次回の予約はできますか？	可能	予約	回	次

Có thể đặt lần sau được không?
コー　テェ　ダット　ラン　サオ　ドゥオック　コホン

美容院、床屋に関する単語

日本語	ベトナム語	日本語	ベトナム語
髪を切る	cắt tóc	流行の	thịnh hành【盛行】
	（南部）hớt tóc	予約する	đặt (trước)
髪を染める	nhuộm【染】tóc	次回、今度	lần sau / lần tới
美容師、理髪師	thợ uốn tóc	キャンセルする	hủy【毀】
短い	ngắn	まつ毛	lông mi
長い	dài	まゆ毛	lông mày
シャンプーする	gội đầu	マッサージ	mát-xa
パーマをかける	uốn tóc	タオル	khăn (mặt)【巾】
髪型	kiểu tóc	リンス	thuốc xả tóc

☆ 美容院、床屋に行くときの注意点

● 路上の床屋さんは格安ですが、衛生管理は期待できません。

● 現地に進出する日本人美容師によると、ベトナムは免許制ではないそうです。口コミなどを参考にしましょう。

Unit 41

ジム
Phòng tập gym

経済成長で豊かになり、肥満が増えているベトナムではジムが急速に増えています。地元の人向けのジムの中には割安なところもあります。

申し込み

月額料金はいくらですか？
（月謝）（how）（much）
Phí hàng tháng bao nhiêu?
フィー　ハン　ターン　バオ　ニュウ

何時から何時まで営業していますか？
（営業する）（から）（何）（時）（まで）
Mở cửa từ mấy giờ tới mấy giờ?
モオ　クゥア　トゥー　マイ　ゾー　トイー　マイ　ゾー

サウナはありますか？
（ある）（サウナ）
Có phòng tắm hơi không?
コー　フォン　ターム　ホイ　コホン

質問・要望

> 「ヨ↑ガ↑」のように外来語は上げ気味で音を伸ばして発音すると通じやすいです。

ヨガを習えますか？
（学ぶ）
Tôi học Yoga được không?
トーイ　ホック　ヨーガー　ドゥオック　コホン

女性の指導員はいますか？
（いる）（指導員）（女性）
Có huấn luyện nữ không?
コー　フアン　ルイエンッ　ヌウ　コホン

ダイエットがしたいです。
（したい）（減らす）（体重）
Tôi muốn giảm cân.
トーイ　ムオン　ザーム　カン

筋肉をつけたいです。
（したい）（鍛錬）（for）（つける）（筋肉）
Tôi muốn tập để có cơ bắp.
トーイ　ムオン　タップ　デェ　コー　コ　バップ

そのほか

腰を痛めたようです。	**Chắc là** tôi bị đau lưng. チャック ラー トーイ ビッ ダウ ルン	のようだ／私／受け身／背中や腰の痛み
ランニングマシーンは何台ありますか？	**Có bao nhiêu** máy chạy ở đây? コー バオ ニェウ マイ チャイ オォ ダイ	how／many／機械／走る／at／ここ
このランニングマシーンは壊れています。	Máy chạy này **bị hỏng** rồi. マイ チャイ ナイ ビッ ホォン ゾーイ	この／故障／壊れている

ジムに関する単語

月謝	phí hàng tháng	～のようだ（推量）	Chắc là ～
営業［開業］している	mở cửa	腰痛	đau lưng
サウナ	phòng tắm hơi	筋肉痛	đau cơ
コーチ	huấn luyện (viên)	膝	đầu gối
男性の／女性の	nam / nữ	肩	vai
ダイエットする	giảm cân	ダンベル	tạ tay / dumbbell
練習する、鍛える	tập【習】	故障している	bị hỏng
筋肉	cơ bắp	修理する	sửa (chữa)

☆ ジムに行くときの注意点

● 駐在員向けの高級物件にはジムを併設していることが多いです。

● 有料で指導員が付いてくれるジムも多いですが、英語や日本語は通じないことがあるようです。

Unit 42 映画館
Rạp chiếu phim

コロナで一時は営業休止のところもありましたが、ベトナムでは依然として映画館は娯楽の定番です。「ドラえもん」など日本映画も多数上映されています。

チケットを買う

チケット売り場はどこですか？	(カウンター) (売る) (券) (at) (どこ) **Quầy bán vé ở đâu?** クワイ　バン　ヴェー　オォ　ドウ
大人2枚（チケットを）ください。	(for) (私) (2) (券) (人) (大) **Cho tôi hai vé người lớn.** チョー　トーイ　ハイ　ヴェー　ングオイ　ロンー
次の上映時間は何時ですか？	(上映) (次の) (は) (何) (時) Trình chiếu tiếp theo là **mấy giờ?** チン　チェウ　ティエップ　テオ　ラー　マイ　ゾー
英語の字幕が付いた映画はありますか？	(ある) (映画) (with) (字幕) (英語) **Có phim với phụ đề tiếng Anh không?** コー　フィム　ヴォーイ　フ　デー　ティエン　アイン　コホン

質問、要望

> 「次の〜」という言い方である「名詞、動詞＋tiếp theo」はよく使います。

まだ席が空いてますか？	(ある) (まだ) (席) (空の) **Có còn ghế trống không?** コー　コン　ゲー　チョン　コホン
「鬼滅の刃」*はいつ上映されますか？ ★ ベトナム語名 "Thanh gươm diệt quỷ"	(映画) (未来) (受け身) Phim "Kimetsu no Yaiba" **sẽ được** フィム　キメツ　ノ　ヤイバ　セェ　ドゥオック (上映) (いつ) **chiếu khi nào?** チェウ　キヒー　ナオ

ポップコーンが買いたいです。	（私）（したい）（買う）（ポップコーン） **Tôi muốn mua** bỏng ngô. トーイ　ムオン　ムーア　ボンー　ンゴ

そのほか

最終上映時刻は何時ですか？	（上映）（最終）（は）（何）（時） Xuất chiếu cuối cùng là **mấy giờ**? スワット　チェウ　クオイ　クンー　ラー　マイ　ゾー
チケットの割引は何曜日ですか？	（曜日）（何）（は）（ある）（割引） **Thứ mấy** thì có giảm giá? トゥー　マイー　ティ　コー　ザアム　ザー

★ ベトナムでは曜日で割り引くことが多い。

映画館に関する単語

チケット売り場	quầy bán vé	映画	phim
チケット	vé	ポップコーン	bỏng ngô
大人	người lớn	字幕	phụ đề【附題】
上映する	(trình) chiếu	最終の	cuối cùng
次の	tiếp theo	何曜日	thứ mấy
まだ（still）	còn	SF映画	phim khoa học viễn tưởng
座席	ghế	コメディ映画	phim hài
空いている	trống	アニメ	phim hoạt hình

☆ 映画館に行くときの注意点

● ベトナムの映画館は曜日によって料金が安かったり、前売りで安くなったりするので事前に調べてから購入するとよいです。

● 上映中でもスマホをしたり、電話したりする人もいるようです。

Unit
43 郵便局
Bưu điện

ネット社会になりましたが、小包を送ったり、絵はがきを出したりとまだまだ便利な存在です。日本と同じような郵便局が各地にあります。

郵便

切手を買いたいです。

Tôi muốn mua tem.
私　したい　買う　切手
トーイ　ムオン　ムーア　テム

速達でお願いします。

Hãy gửi chuyển phát nhanh.
please　送る　速達
ハイ　グゥイ　チュイエン　ファット　ニャイン

どれくらいかかります？
[時間]

Khoảng bao lâu thì hàng tới nơi?
大体　how　long　は　荷物　届く　場所
コォアン　バオ　ロウ　ティ　ハン　トーイ　ノイ

荷物を送る

> 「bưu」（郵）の発音は「ブ（bư）」は口を横に大きく広げて、「ウ」は普通に。

この小包を東京に送りたいです。

Tôi muốn gửi bưu kiện này tới Tokyo.
私　したい　送る　小包　この　行き　東京
トーイ　ムオン　グゥイ　ビュウ　キエンッ　ナイ　トーイ　トキオー

料金は全部でいくらぐらい？

Hết khoảng **bao nhiêu** tiền?
全部　だいたい　how　much　金
ヘッ　コォアン　バオ　ニェウ　ティエン

壊れやすい荷物なので、取扱注意でお願いします。

Vì là đồ dễ vỡ, **nên hãy** cẩn thận.
ので　荷　脆い　だから　please　注意して
ヴィーラー　ドー　ゼーボー　ネン　ハイ　カン　タンッ

事前の検閲が必要なんですか？

Phải kiểm duyệt trước khi gửi à?
must　検閲　事前に　送る　疑問
ファアイ　キエム　ズイエット　チュオック　キー　グゥィ　アー

そのほか

郵便で送れないものは何ですか？	(種類) (荷物) (禁止する) (送る) (は) (何) **Loại hàng cấm gửi là gì?** ロアイッ　ハン　カム　グウィ　ラー　スィー
封筒をください。	(for) (私) (類別詞) (封筒) **Cho tôi** cái phong bì. チョー　トーイ　カイー　フォン　ビー
郵便局は何時まで開いていますか？	(郵便局) (何時) (閉まる) (戸) Bưu điện **mấy giờ** đóng cửa? ビュウ ディエンッ マイ　ゾー　ドン　クゥア

郵便に関する単語

小包	bưu kiện【郵件】	封筒	phong bì【封皮】
送る	gửi	営業終了、閉店する	đóng cửa
速達	chuyển phát nhanh	はがき	bưu thiếp
検閲する	kiểm duyệt【検閲】	絵はがき	bưu thiếp có ảnh
事前に	trước khi	配達先	nơi gửi tới
脆い、壊れやすい	dễ vỡ【易破】	住所	địa chỉ【地址】
切手	tem	転送する	chuyển【転】
禁止する	cấm【禁】	返送する	gửi lại

☆ 郵便の注意点

● 書籍、DVD など多くのものが検閲の対象となります。時間がかかったり、没収されたりすることもあります。

● 米 UPS、日本の佐川急便など多くの民間企業も進出しています。

越で有名な中島みゆきの歌は？
「時代」にあらず、驚きの現地版

　日本の歌謡曲が東南アジアでかなり普及していることをご存じでしょうか。しかも、日本ではさほど有名ではない、昔の曲も多いです。

　インドネシアで有名なのは五輪真弓さんの「心の友」です。1980年代前半のアルバム収録曲で、「恋人よ」などの大ヒット曲と比べれば日本ではあまり知られていません。インドネシアのラジオ局の関係者が来日した時に同アルバムを購入し、現地で放送したことで人気に火が付きました。

　ベトナムでは中島みゆきさんの70年代の曲「ルージュ」が有名です。筆者がこの事実を知ったのはハノイ駐在時のタクシーの中です。ラジオから聞き覚えのあるメロディーが聞こえてきました。現地の歌手（Như Quỳnh）がカバーし、曲名は「冬の恋人（Người tình mùa đông）」に変わっており、歌詞も全く違うものでした。

　両国からは技能実習生や留学で多くの人が来日しています。異国で聞いた素晴らしい歌を母国に持ち帰ろうと思ったのでしょう。本家にどこまで許可を得ているのかは不明ですが、著作権に対する考え方が先進国ほど厳しくないこともあり、現地語版は生まれやすいです。

　タイでは谷村新司さんの「昴（すばる）」、ミャンマーでは長渕剛さんの「乾杯」が人気があるといいます。国によって琴線に触れる音楽が異なるのも不思議な感じがします。

ベトナムでは日越友好の歌謡祭が定期的に開かれ、2018年には杉良太郎さん、ピコ太郎さんなども出演した。

第4章

仕事編

ベトナム人と一緒に働くときに役立つ
フレーズを収録しています。
あいさつや自己紹介のほか、
業種別によく使う表現や単語が学べます。
技能実習生との会話に役立ててください。

44 あいさつ、社交
Lời chào / Giao tiếp

初歩的なあいさつでも、外国人が自分に対して話しかけてくれたらうれしいですよね。鉄板のフレーズを覚えて、通じるように発音を磨きましょう。

初対面で

はじめまして。
とても うれしい can 会う 君
Rất vui được gặp em.
ザット ヴィ ドゥオック ガップ エム

日本商事へようこそ。
ようこそ まで
Chào mừng đến với Nippon Shoji.
チャオ ムン デン ヴォーイ ニッポン ショウジ

何でも聞いて下さいね。
尋ねる 私 何でも ね
Có thể **hỏi tôi** bất cứ điều gì **nhé**.
コー テェ ホォイ トーイ バット クー ディェウ ズィー ニェ

自己紹介、相手のことを聞く

初対面やオフィシャルな場所では自分を tôi と称したほうがよいでしょう。

私が皆さんの上司です。
私 は 上司 of 複数 君
Tôi là **sếp của** các em.
トーイ ラー セップ クア カック エム

どこから来ましたか?
あなた 来る から どこ 文末詞
Em đến từ **đâu** vậy?
エム デン トゥ ドウ バイ

研修生ですか?
★ 新入社員は nhân viên mới。
あなた は 研修生 (実習生)
Em là thực tập sinh **à**?
エム ラー トゥッ タップ スィン アー↓

何歳ですか?
君 how many 年齢
Em **bao nhiêu tuổi**?
エム バオ ニェウ トゥオーイ

そのほか

日本語うまいですね。	君 上手な 日本語 だよね **Em giỏi tiếng Nhật nhỉ.** エム ゾーイ ティエン ニャット ニィィ
ベトナムに行ったことが あります。	私 過去形 〜したことがある 行く ベトナム **Tôi đã từng đến Việt Nam.** トーイ ダァ トゥン デン ヴィエッ ナム
お会いできて光栄です。 (ややかしこまった言い方)	とても 幸せな can 会う あなた **Rất hân hạnh được gặp anh[chị].** ザット ハン ハインッ ドゥオック ガップ アイン［チッ］

あいさつ、社交に関する単語

うれしい	vui		かつて〜したことがある
会う	gặp		từng
ようこそ	chào mừng	光栄な	hân hạnh / vinh hạnh
質問する	hỏi	故郷	quê hương
〜から来る	đến từ	経験	kinh nghiệm 【経験】
研修生	thực tập sinh	既婚	đã kết hôn
年齢	tuổi 【歳】	会社	công ty 【公司】
上手だ	giỏi	事務所	văn phòng 【文房】

☆ あいさつする時の注意点

● ベトナム人は外国人が話すベトナム語に慣れていません。ゆっくりと、母音を意識して発音しましょう。

● ベトナム語を話しているのに認識してもらえないことがあります。「シンチャオ」など簡単なベトナム語を最初に言い、相手の耳をベトナム語モードにしてもらうことも重要です。

Unit
45 職場を案内する
Hướng dẫn nơi làm việc

異国で働くことは不安がいっぱい。少しでも気持ちが楽になるように、ベトナム語で案内してあげましょう。

職場で

ここが事務所です。	**Đây là** văn phòng. ダイ ラー ヴァン フォン	ここ が 事務所

この工場には最新設備がある。
Nhà máy này **có** thiết bị mới nhất.
ニャー マイ ナイ コー ティエット ビ モイー ニャット
工場 この ある 設備 新しい 1番

食堂はあちらです。
★ nhà ăn の直訳は「食べる家」。
Kia là nhà ăn.
キア ラー ニャー ァアン
あちら が 食堂

同僚らを紹介する

Đây là、Kia là は人にも物にも使えます。

こちらが工場長です。
Đây là xưởng trưởng.
ダイ ラー スオン チュオン
こちら は 工場長【廠長】

佐藤さんは製造部門の担当です。
Anh Sato **phụ trách** ngành chế tạo.
アイン サトー フッ チャク ンガイン チェー タオッ
Mr 担当する 部門 製造

加藤さんはここで1番長く働いています。
Chị Kato làm việc **lâu nhất ở đây**.
チッ カトー ラン ヴィエック ロウ ニャット オォ ダイ
Ms 働く 長く 1番 at ここ

ベトナム人が10人ここで働いています。
Có mười người Việt làm việc ở đây.
コー ムオイ ングオイ ヴィエット ラン ヴィエック オォ ダイ
いる 10 人 ベトナム 働く

134

そのほか

日本語	ベトナム語

寮までは歩いて5分です。

Mất năm phút đi bộ đến ký túc xá.

マット　ナム　フット　ディーボッ　デン　キー　トゥク　サー

（かかる　5　分　歩く　まで　寮）

勤務中はスマホ禁止です。
★「電話」でスマホの意味。

Cấm sử dụng điện thoại khi làm việc.
カァム　スゥ　ズンッ　ディエンッ　トワイッ　キヒー　ラン　ヴィエック

（禁止　使う　スマホ　時　勤務）

フェイスブックに職場の
写真を上げてはいけません。

Không được đăng ảnh nơi

コォン　　ドゥオック　　ダン　アィン　ノィ

（できない　載せる　写真　場所）

làm việc lên Facebook.

ラン　ヴィエック　レン　　フェイスブック

（勤務　上）

職場、働き方に関する単語

事務所	văn phòng	勤務する	làm việc
工場	nhà máy	（期間が）長い	lâu
設備	thiết bị	好き、「いいね」	thích 【適】
最新の	mới nhất	徒歩、歩く	đi bộ 【歩】
工場長	xưởng trưởng 【廠長】	寮	ký túc xá 【寄宿舎】
担当する	phụ trách	使う	sử dụng / dùng
分野、部門	ngành, lĩnh vực	載せる	đăng
製造する	chế tạo	上に	lên, trên

☆ 職場、働き方に関する注意点

● 日本人とベトナム人の働き方、時間感
覚などは根本的に違います。いちいち
とがめず、相手を尊重することから始
めましょう。

● 社会主義で労働者の権利が保護されて
います。労働時間、福利厚生などきち
んと約束通りに守ってあげましょう。

相手のことを知る
Hỏi về anh ấy hoặc cô ấy

言葉・文化の壁を乗り越える特効薬はコミュニケーションです。自分を知ってもらい、相手を知ればすぐに打ち解けられることでしょう。

家族や故郷について

故郷はどこですか？	故郷 君 どこ **Quê em ở đâu?** クエ エム オォ ドウ
そこはどんなところですか？	は 所 どんな **Quê em là nơi thế nào?** クエ エム ラー ノイ テー ナオ
ご家族は何人ですか？	家族 of 君 how many 人 **Gia đình của em bao nhiêu người?** ザー ディン クゥア エム バオ ニェゥ ングオイ

趣味や特技について

趣味は何ですか？	趣味 of 君 は 何 **Sở thích của em là gì?** ソー ティック クゥア エム ラー ズィー
特技はありますか？	君 ある 特技 何 **Em có kỹ năng đặc biệt gì?** エム コー キー ナン ダック ビエット ズィー
日曜日は何をしていますか？	君 通常 する 何 on 日曜日 **Em thường làm gì vào ngày chủ nhật?** エム トゥオン ラム ズィー ヴァオ ンガイ チュー ニャット
運動は何が好きですか？	君 好き 門 運動 どんな **Em thích môn thể thao nào?** エム ティック モン テー タォ ナオ

> môn は漢越語の「門」から由来の言葉で、学問やスポーツの単語の前につきます。

そのほか

みんなでパーティーしましょう。

Chúng ta hãy tổ chức tiệc.

(let's) (行う【組織】) (パーティー)

チュン　ター　ハイ　トオ　チュック　ティエック

恋人はいますか？

Em **có** người yêu **chưa [không]**?

(君) (いる) (恋人)

エム　コー　ングオイ　イェウ　チューア　［コォン］

★ 男女ともに使える表現。chưa を使うと「彼氏（彼女）まだいないの？」というニュアンスになる。

一緒にサッカーをしましょう。

Cùng đi **chơi** bóng đá.

(一緒に) (行く) (する) (サッカー)

クウン　ディー　チョイ　ボン　ダー

相手への質問に関する単語

故郷	quê	パーティー	(bữa) tiệc【席】
場所	nơi	恋人	người yêu【要】
どんな	thế nào	彼氏／彼女	bạn trai / bạn gái
家族	gia đình【家庭】	元カノ	bạn gái cũ【旧】
趣味	sở thích	サッカー	bóng đá
特技	kỹ năng đặc biệt	野球	bóng chày
通常は	thường【常】	バドミントン	cầu lông
科目、学科	môn【門】	卓球	bóng bàn

☆ 相手に質問する時の注意点

● ベトナム人は家族のことを聞かれると喜びます。遠慮せずに聞いてみましょう。

● 社会主義国家で自由闊達な言論が許されていないこともあり、政治（特に共産党）の話はあまり好みません。

Unit
47

自分のことを知ってもらう
Giới thiệu bản thân

ベトナム人はどんどん自分のことをアピールする人が多いです。引っ込み思案にならず、負けないように自分を売り込んでみたらいかがでしょうか?

家族や故郷について

私は札幌出身です。
★「〜から来た」というときも使える。

私 出身
Tôi đến từ Sapporo.
トーイ デン トゥ サッポロ

私は既婚です。
★「独身」độc thân

私 過去 作る 家族
Tôi đã lập gia đình.
トーイ ダァ ラップ ザー ディン

1番上の子供は大学生です。

長子 は 大学生
Con đầu là sinh viên.
コン ダオ ラー スィン ヴィエン

趣味や特技について

＊ゴルフがうまい（giỏi）と言わず、良い（tốt）と表現するのは自慢げにしないようにする表現です。

ギターを弾くのが好きです。

好き 演奏する ギター
Tôi thích chơi ghita.
トーイ ティック チョーイ ギーター

ゴルフが得意です。

プレーする ゴルフ 得意
Tôi chơi gôn **tốt**＊.
トーイ チョイ ゴン トット

ベトナムの映画が好きです。

映画 ベトナム
Tôi thích phim Việt Nam.
トーイ ティック フィム ヴィエッ ナム

歌手のミータムが好きです。
★ベトナムの有名な女性歌手。

歌手
Tôi thích ca sĩ Mỹ Tâm.
トーイ ティック カスィー ミィ タム

そのほか

日本語	ベトナム語
フォー以外のベトナム料理を食べたい。	Tôi **muốn** **ăn** các món ăn Việt Nam khác ngoài phở.

Tôi **muốn** **ăn** các món ăn Việt Nam
トーイ　ムオン　アン　カック　モン　アン　ヴィエッ　ナム
したい／食べる／複数／料理／ベトナム

khác ngoài phở.
カハック　ンゴアイ　フォオ
～以外／フォー

私の家は千葉です。

Nhà tôi **ở** Chiba.
ニャー　トーイ　オォ　チバ
家／私／at

来年はベトナムに行きたいです。

Năm sau tôi **muốn đi** Việt Nam.
ナム　サオ　トーイ　ムオン　ディー　ヴィエッ　ナム
来年／したい／行く

自己アピールに関する単語

～出身	đến từ ～	歌手	ca sĩ【歌士】
構える、形成する	lập【立】	俳優	diễn viên【演員】
家庭	gia đình【家庭】	～以外	khác ngoài ～
長子／末っ子	con đầu / con út	あとで	sau khi
大学生	sinh viên	収まる、なくなる	hết
演奏［競技］する	chơi	音楽	âm nhạc【音楽】
ゴルフ	gôn	絵画	bức tranh
得意、良い	tốt【卒】	武道	võ nghệ【武芸】

☆ 自己アピールする時の注意点

- ベトナムの口コミの力は SNS でさらに強まっています。広まっては困る情報は言わない方が良いです。

- ベトナムに興味があることを伝えると、すごく喜びます。

ベトナム語が難しい理由

　多くの人が習得に挫折し、世界的にも難しい部類に入るベトナム語。難しさの理由を分析すれば、克服する方法が見えてくるのではないでしょうか。

理由① 通じない

　ベトナム語が難しいとされる最大の理由が「通じない」ことです。ではなぜ通じないのか。発音が難しいこと以上に、**受け手であるベトナム人が「外国人の話すベトナム語に慣れていない」**からだと筆者は考えています。

　米国やシンガポールなど異なった人種が集まる国では流ちょうでない英語も通じやすいです。しかし、ベトナムは一部の大都市を除き、ベトナム人しかベトナム語を話しません。

　外国人の下手なベトナム語を受け止める力は発展途上にあります。ベトナム人は語学能力が高いだけに、相手にも完璧なベトナム語を求めてしまいがちです。

解決策：ベトナム語を話すとき、最初に "Chào em." など基本的なフレーズを話しベトナム人の耳をベトナム語モードに切り替えてもらう。

理由② 学習者が少ない

　日本政府によると 2016 年時点の日本人の英語学習者は 804 万人。2006年に比べ 31％ 増えました。ベトナム語はほんの少しかじった人を含めても多くて数万人といったところではないでしょうか。競技人口が少ないスポーツのレベル向上が遅れるように、ベトナム語も語学系の大学など一部を除き、仲間と切磋琢磨することが難しくなり、向上が遅れます。

　学習者が少ない分、少しベトナム語ができるようになっただけでペラペラになったと勘違いしてしまいがちです。SNS などで仲間を探し、ご自身のレベルを確認しながら学習すると良いでしょう。

解決策：アプリや SNS で仲間を探し、相談し合えるベトナム語友達を増やす。サイトや YouTube も活用し、自分のレベルを確認する。

理由③　初心者がベトナム人から学ぶ

　ベトナム語を世界で最もうまく話せるのはベトナム人です。しかし、教えることはまた別の話です。外国語を教わる上で大事なことは何でしょうか？　筆者はこと初心者に関しては「母国語で分かりやすく解説してもらうこと」が最も重要であると考えます。

　ベトナム語は 11 個の母音、6 個の声調があり、日本人には発音がとても難しいです。2 語からなる「単語」も多く、省略形も多いです。まずはざっくりと大枠を理解し、野球で言えばキャッチボールができるようになることが挫折しないコツです。そして**ある程度試合に出られるようになってからベトナム人に習うのが良い**と筆者は考えます。もちろん個人差はあります。

　筆者自身、ベトナム人の先生 4 人に教わりましたが、最初の 2 人の先生は全く役に立ちませんでした。身についてきたのは東京外大の宇根祥夫先生の本を読んで基礎をマスターしてからです。

解決策：いきなりベトナム人に習わず、基礎を自分で学習してから習う。

理由④　言語の「統一」がされていない

　ベトナムは 1975 年まで、社会主義陣営の北ベトナムと自由主義陣営の南ベトナムに分かれて戦争していました。国は統一されても、今でも南北のわだかまりはゼロではありません。最高指導者の共産党書記長は 2020 年現在のグエン・フー・チョン氏まで全員が北部出身者です。言語も北と南では全くと言っていいほど違います。発音はもちろん、使う言葉自体が違うものも多いです。

　南北の違いに加えて、58 の省、5 の直轄市には計 63 通りの方言があると言われるようにベトナム人同士でさえも理解できないことがあります。

	北部	南部
豚肉	thịt lợn	thịt heo
散髪	cắt tóc	hớt tóc
スプーン	thìa	muỗng

　ベトナム語の辞書を見てもらえば分かりますが、とんでもない量の訳が出てくることがあります。方言が多く言い回しが多い分、どうしても訳の候補が多くなってしまい、学習者を悩ませるのです。

解決策：自分がマスターしたい地域の言語（ハノイかホーチミン市がお薦め）に絞って学習する。きちんとしたベトナム語は地域が違っても通じやすい。

48 気遣う、励ます
Quan tâm / Cổ vũ

不慣れな土地で働いたり、勉強したりしていれば誰だって辛いです。母国の言葉で元気づけてもらえたら、どれだけうれしいことでしょう。

励ましの言葉

元気を出して。 (= Cheer up.)	元気 上々 ね **Vui lên chứ.** ヴイ　レン　チュー
よく頑張ったね。	あなた 過去形 持つ 多く 努力 **Em đã có nhiều cố gắng.** エム　ダァ　コー　ニエウ　コー　ガン
誰も怒っていないから。	Nobody 怒る 文末詞 **Không ai giận đâu.** コホン　アイ　ザンッ　ドウ

気遣いの言葉

> ＊文末詞は慣れるのに時間がかかりますが、肯定文の「mà」、否定文の「đâu」だけは覚えましょう。

何か問題でもあるの？	君 ある 問題 何か **Em có vấn đề gì à?** エム　コー　ヴァン　デー　ズィー　アー
仕事大変だよね。	仕事 多分 大変 だよね **Công việc có vẻ vất vả nhỉ!** コン　ヴィエック　コーヴェー　ヴァット バァ　ニイィ
健康を維持するようにね。	please 保つ【維持】 健康 **Hãy duy trì sức khỏe nhé.** ハイ　ズイ　チー　スック　コエー　ニェー
2、3日休みを取ったら？	please 休む 法的に 数 日 **Hãy nghỉ phép vài ngày.** ハイ　ンギー　フェップ　バイ　ンガイ

そのほか

みなさん、今日はお疲れ様でした。

Hôm nay mọi người vất vả quá đấy.
(今日) (皆さん) (大変) (すごく) (文末詞)
ホン ナイ モイ ングオイ ヴァット バァ クワー ダイー

君のせいじゃない。

Không phải tại em.
(not) (のせい) (君)
コォン ファァイ タイ エム

仕事を辞めないでね。

Đừng bỏ việc nhé.
(しないで) (やめる) (仕事) (ね)
ドゥン ボオ ヴィエック ニェー

気遣い、励ましに関する単語

元気を出す	vui lên	（有給）休暇を取る	nghỉ phép
心配、くよくよする	lo (lắng)	いくつかの〜	vài 〜
失敗	thất bại【失敗】	一緒に	cùng nhau
誰も〜しない	không ai 〜	解決する	giải quyết【解決】
怒る	giận	せいで	tại【在】
問題	vấn đề【問題】	辞職する	bỏ việc / nghỉ việc
いつでも	bất cứ lúc nào	鬱	trầm cảm / u sầu
手伝う	giúp đỡ	カウンセリング	tư vấn tâm lý

☆ 気遣い、励ましをする時の注意点

● 私の印象ですが、ベトナム人はストレスに強くありません。なるべく負荷をかけないように配慮しましょう。

● 「声がけ」はどの国の人でも大事ですが、ベトナム人には特に効果が大きいように思えます。

1 基本表現

2 旅行編

3 生活編

4 仕事編

5 現地お役立ち編

143

ルール・マナーを教える
Quy tắc / Phép lịch sự

文化の違いから日本社会では誤解されたり、非難されたりする行動を取ってしまうベトナム人は少なくありません。未然に防ぐ意味でも教育は不可欠です。

法令に違反する行為

日本の免許なしで車を運転できません。

cannot | 運転 | 車 | もし | ない | 持つ

Không thể lái xe **nếu không có**
コォン　テ　ライ　セー　ネゥ　コォン　コー

免許 | 運転 | of | 日本

bằng lái của Nhật.
バン　ライ　クゥア　ニャット

動物をさばいて食べてはいけません。

しないで | さばく | 動物 | ために | 食べる | 肉

Đừng giết mổ động vật để ăn thịt.
ドゥン　ズィエット　モオ　ドン　ヴァット　デェ　アン　ティット

無断で取ってはいけません。

しないで | 取る | when | まだ | 得る | 許諾

Đừng lấy khi chưa được cho phép.
ドゥン　ライ　キヒー　チュア　ドゥオック　チョー　フェップ

マナーに反する行為

> 誕生日や祝い事ではベトナム人は友達をたくさん家に呼んでパーティーをする習慣があります。

夜中に騒いではいけません。

しないで | 騒ぐ | when | 夜中

Đừng ồn ào lúc nửa đêm.
ドゥン　オン　アオ　ルック　ヌゥア　デム

友達をたくさん（部屋に）呼んではいけません。

しないで | 招く | too | many | 友達

Đừng mời quá nhiều bạn bè.
ドゥン　モイー　クワー　ニエゥ　バン　ベー

道路にゴミを捨ててはいけません。

しないで | 捨てる | ゴミ | ～へ | 道

Đừng xả rác ra đường.
ドゥン　サー　ザック　ザー　ドゥオング

そのほか

トイレはきれいにしましょう。	(keep) (トイレ) (衛生的) **Giữ** nhà vệ sinh sạch sẽ. ズゥ　ニャー　ヴェッ スィン　サック　セェ
友達にも言っておいてね。	(please) (言う) (〜に) (友達) (of) (君) (ね) **Hãy** nói với bạn bè của em nhé. ハイ　ノイ ヴォーイ　バン ベー クゥア エム ニェー
次からは気をつけて。	(from) (回) (次) (please) (注意) (ね) Từ lần sau **hãy** chú ý nhé. トゥー ラン サオ ハイ チューイー ニェー
文化が違うから。	(だから) (文化) (違う) **Vì** văn hóa khác nhau. ヴィー ヴァン ホア カック ニャウ

ルール、マナーに関する単語

運転免許	bằng lái	招く	mời
さばく、解体する	giết mổ	ゴミを捨てる	xả rác
肉	thịt	〜へ、外に出る	ra
動物	động vật	道	đường 【道】
取る	lấy	注意する	chú ý 【注意】
許可、許諾	cho phép	文化	văn hóa 【文化】
騒ぐ	ồn ào	習慣	tập quán 【習慣】
夜中	nửa đêm	似ている	giống (nhau)

☆ ルール、マナーの注意点

● ベトナム人が増えるにつれ、周辺住民らとのトラブルが目立ってきていますが、多くは日本文化の理解不足です。

● ベトナム人の声が大きく聞こえるのは声調を表現するために抑揚を大きく付ける言語特性もあると思われます。

ベトナム IT 支える数学の秀才
世界大会で活躍、日本留学組も

　ベトナムで IT スタートアップが育ってきました。家電の組み込みソフトなどの下請けから脱却し、人工知能（AI）、フィンテックなど先進国の企業に劣らないサービスも目立ってきました。数学・情報分野に強い若者が多いことが背景にあります。

　ベトナムの IT 業界は最大手 FPT が 1 強という印象がありました。その後を追う企業の 1 つがリッケイソフト（ハノイ）。2012 年の設立ながら、従業員は 1250 人（20 年時点）。日越 5 都市に拠点があり、日本で 100 人以上が働きます。社名は創業メンバーが立命館大学、慶応大学に留学、卒業したことにちなみます。

　19 年から、同社が開発した AI による音声テキスト化アプリがベトナム国会で試験導入されました。北部、中部、南部と方言があり、聞き取りが難しいベトナム語を 90％の確率で正確に文書化できます。グエン・マイン・フン情報通信相も「国際会議で見たシステムに比べ、高速で正確だと感じた」と称賛しました。

　電子決済アプリ「モモ」を提供する M サービス（ホーチミン市）の勢いもすごいです。20 年 9 月時点の利用者は 2,000 万人。サービス開始から 5 年あまりでベトナムの電子決済の王者となりました。創業者は米国の大学院でコンピューター工学を学んでいます。

　シンガポールで同年 9 月に開かれた国際情報オリンピックではベトナムの高校生が 2 年連続で金メダルを獲得しました。リッケイソフトの日本法人の社長、ブイ・クワン・フイ氏も全国数学コンテストで入賞し、飛び級で大学に入学しました。ベトナムの IT 人材から日本が学ぶ日も近い将来やって来るかもしれません。

人前で叱るのはタブー
時には規則よりも感情

　ベトナム人と仕事する上でタブーは知っておいたほうが良いでしょう。まず人前で叱るのは絶対に避けるべきです。どこの国の人でも嫌なことですが、ベトナムの人はとりわけ嫌がります。同胞意識、平等意識が強いことに加え、少子化で子供を溺愛する親が増えており、怒られ慣れていません。「指導」に当たると自分は思っていても、相手は叱責ととらえるかもしれないので、なるべく二人きりで話すべきです。言い方も命令形ではなく、「こうしてみたら」「〜したほうが良い」と諭す形式が良いです。

　ベトナム人はSNS（交流サイト）などで仲間と密接につながっており、悪い情報はすぐに伝わりやすいです。尾ひれ背びれが付いて事態が悪化する恐れもあります。自身の評判を落とさないためにも、「責める」より「褒める」形で育てるように付き合うと良いでしょう。

　社会主義国家のベトナムは規則一辺倒に見えるかもしれませんが、むしろ日本より緩い面もあります。法律や規定をわざと曖昧な文言にすることで、玉虫色の解釈をしやすくしているようにしています。その意図するところは四角四面に規則を適用するよりも、ケース・バイ・ケースで判断しようというベトナム人の合理主義なのではないか、と筆者は考えます。これが賄賂の温床になったりすることもありますが、職場などでは臨機応変に運用すれば組織を円滑に動かすことができます。

　ルールを破った従業員、研修生がいたとしても、罰をそのまま適用するのではなく、どんな状況にあったのか、なぜそれが起きてしまったのか、を大きな心で判断してあげてほしいです。ルールが骨抜きになってしまう恐れはあるが、それで失うものよりも、ベトナム人と円滑に付き合えるメリットのほうが大きいこともあります。文化と思考回路が違っても、人間同士理解し合えるはずです。

Unit 50 業種別① コンビニ
① Cửa hàng tiện lợi

人手不足が激しい業種で、中国人に代わってベトナム人が急増しています。語学力が堪能な人が多いですが、日本人でも大変な作業ですから手伝ってあげましょう。

自己紹介など

> *「hãy（〜してください）」は主語の em を付けると、勧奨より依頼の意味が強くなります。

① 店長 の梅田です。

Tôi là Umeda, quản lý cửa hàng.
<small>トーイ ラー ウメダー クワン リー クア ハーン</small>
（私 は）

② レジ については山田さんに聞いてください。

Hãy hỏi Anh Yamada về máy tính tiền.
<small>ハイ ホオイ アイン ヤマダー ヴェー マイ ティンティエン</small>
（Mr）（about）（機械）（レジ）

③ 休憩する 部屋はここです。

Phòng nghỉ giải lao ở đây.
<small>フォン ンギー ザァイ ラオ オォ ダイ</small>
（部屋）（休む）（at）（ここ）

仕事を依頼する

> 日本語の「〜してね」と同じように「nhé」は優しい印象を与えることができます。

④ ちょっと手伝ってね。

Làm ơn giúp tôi một chút nhé.
<small>ラーム オン ズゥップ トーイ モット チュット ニェー</small>
（please）（手伝う）（私）（少し）（ね）

⑤ レジ を頼みます。

Em hãy* ra quầy tính tiền.
<small>エム ハイ ザー クワイ ティン ティエン</small>
（Please）（出る）（レジ）

⑥ 商品 の補充をお願いします。

Em hãy bổ sung hàng.
<small>エム ハイ ボォ スン ハーン</small>
（補充）（商品）

⑦ あす 働けますか？

Ngày mai em làm việc được không?
<small>ンガイ マイ エム ラン ヴィエック ドゥオック コホン</small>
（あす）（働く）

148

例文の網掛け部分を入れ替えてみましょう。(数字は該当する例文です)

① 副店長	người phó quản lý ングォイ フォー クワン リー
② 大学生	sinh viên スィン ヴィエン
おつり	tiền lẻ ティエン レェ

② コピー機	② バーコードリーダー	着替える
máy photocopy マイ　フォトコピー	đầu đọc mã vạch ダウ　ドック　マア　ヴァック	thay quần áo タイ　クアン　アオ

⑤ 売り場	quầy bán hàng クワイ　バン　ハーン
⑥ おにぎり	cơm nắm コム　ナム
⑥ 弁当	cơm hộp コム　ホップ

⑥ パン、サンドイッチ	⑥ カップラーメン	⑥ スナック菓子
bánh mì バイン　ミー	mì ăn liền ミー　アン　リエン	bim bim ビン　ビン

⑥ アイス	⑥ 中華まん	⑥ ソーセージ
kem ケム	bánh bao バイン　バオ	xúc xích スック　スイック

⑦ あさって	⑦ あすの夜	⑦ 午前中
ngày kia ンガイ　キーア	đêm mai デム　マイ	buổi sáng ブオイ　サーン

51 業種別② 介護（特定技能）
② Chăm sóc người cao tuổi

新たな在留資格「特定技能」の中で、受け入れ人数が6万人と最も多い分野。
高齢化が止まらない日本の救世主としてベトナム人材の活躍が期待されます。

自己紹介など

①私は 介護士 の秋田です。

Tôi là <u>điều dưỡng viên</u> Akita.
私　は　　介護士
トーイ ラー ディエウ　ズオンー　ヴィエン アキター

②専門は リハビリ です。

Chuyên môn là <u>phục hồi chức năng</u>.
専門　　　リハビリ
チュイエン　モン　ラー　フック　ホイ　チュック　ナン

③仮眠 の部屋はここです。

Phòng <u>nghỉ tạm</u> ở đây.
部屋　仮眠する　at　ここ
フォン　ンギィ　タム　オォ　ダイ

仕事を依頼する

*ベトナム語の高齢者への人称代名詞は男性が「ông【翁】」、
女性が「bà【婆】」になります。

④田中さん〈女性〉を 散歩 にお連れして。

Em hãy <u>đưa</u> bà Tanaka <u>đi dạo bộ</u>.
連れていく　　　　　　散歩
エム　ハイ　ドゥア　バー　タナカー　ディー　ザオ　ボッ

⑤あなたは 野田さん〈男性〉 のお世話を担当します。

Em <u>chịu trách nhiệm chăm sóc</u> ông Noda.
担当する【就責任】　世話する
エム　チウ　チャック　ニエム　チャム　ソック　オング　ノダー

⑥お部屋の掃除 をお願いします。

Em hãy <u>dọn dẹp phòng</u> nhé.
掃除する　　部屋
エム　ハイ　ゾンッ　ゼップ　フォン　ニェー

⑦緊急です。医師 を呼んで。

<u>Khẩn cấp!</u> Hãy gọi <u>bác sĩ</u>.
緊急　　　　　　　医師
カン　カップ　ハイ　ゴイ　バック　スィー

例文の網掛け部分を入れ替えてみましょう。(数字は該当する例文です)

①⑦ 介護助手	hộ lí ホッ リー
① 医師	bác sĩ バック スィー
①⑦ 看護師	y tá イター

①⑦ 施設長	② デイケア	③ 診察
quản lý cơ sở クワン リー コ ソォ	chăm sóc ban ngày チャム ソック バン ンガイ	khám bệnh カアム バイッ

④ 入浴する	tắm rửa タァム ズゥア
④ 就寝する	đi ngủ ディー ングー
④ 介助する	hỗ trợ ホォ チョッ

そしゃく嚥下	つえ	車椅子
nhai và nuốt ニャイ ヴァ ヌオット	(cái) gậy (カイー) ガイッ	xe lăn セー ラン

④ 歯磨きする	④ うがいする	⑥ 検温する
đánh răng ダイン ザン	súc miệng スック ミエンッ	đo nhiệt ドー ニェット

⑥ つめを切る	⑥ 耳垢を取る	⑥ 痰を取る
cắt móng tay カット モン タイ	lấy ráy tai ライ ザイ タイ	lấy đờm ライ ドーム

151

Unit 52

業種別③ 建物清掃（特定技能）
③ Dọn dẹp tòa nhà

掃除の仕方も国によって違います。ベトナムのビル清掃は大量の水をまき、モップでゴシゴシやるような印象があります。日本流を伝授する必要があるでしょう。

仕事を教える

① ほうき はあそこにあります。

ほうき	ある	方	あちら

Chổi ở bên kia.
チョーイ　オ　ベン　キア

② 床を濡ら さないようにしてください。

しないで	let	床	濡れる

Đừng để sàn nhà ướt.
ドゥン↓　デェ　サン　ニャー　ウオット

③ 静かに掃除し ましょうね。

君	please	静かに	清掃する	ね

Em hãy yên lặng dọn dẹp nhé.
エム　ハイ　イエン　ラン　ゾンッ　ゼップ　ニェー

仕事を依頼する、注意する

ベトナム語は似た音が多く、声量を大きくしないと通じにくいです。最初は声が大きく感じるかもしれません。

④ 窓 を拭いてください。

please	拭く	きれい	窓

Làm ơn lau sạch cửa sổ.
ラーム　オン　ロウ　サック　クア　ソー

⑤ まだ 壁 に汚れが残っています。

まだ	汚れている	上に	壁

Vẫn còn vết bẩn trên tường.
ヴァン　コン　ヴェットバァン　チェン　トゥオン

⑥ 掃除中の スマホ（使用） はいけませんよ。

禁止	使う	スマホ	時	清掃

Cấm sử dụng điện thoại khi dọn dẹp.
カァム↑　スゥ　ズンッ　ディエン　トワイッ　キヒー　ゾンッ　ゼップ

⑦ モノ には触れないように。

丁寧	しないで	触る	〜に	モノ

Xin đừng chạm vào đồ vật.
シン　ドゥン↓　チャム　ヴァオ　ドー　ヴァット

① ごみ	**rác** ザック
① ちりとり	**xẻng hót rác** セェン ホット ザック
① モップ	**giẻ lau sàn** ゼェ ロー サン

① ゴミ箱	① 洗剤	③ 挨拶する
thùng rác トゥング ザック	**chất tẩy rửa** チャット タイ ズゥア	**chào** チャオ

④ 天井	**trần nhà** チャン ニャー
④ 入り口	**cổng vào** コン バオ
④ エアコン	**máy điều hòa** マイ ディエゥ ホア

④⑤ トイレ	床にワックスをかける	丁寧に、気を付ける
nhà vệ sinh ニャー ヴェッ スィン	**đánh bóng sàn** ダイン ボーング サン	**cẩn thận** カァン タンッ

⑥ 喫煙する	⑥ 飲食する	⑦ 金庫
hút thuốc フット トゥオック	**ăn uống** アン ウォン	**két bạc** ケット バック

⑦ パソコン	⑦ 書類、資料	産業廃棄物
máy tính マイ ティン	**tài liệu** タイ リェゥッ	**rác thải công nghiệp** ザック タイ コン ンギエップ

Unit 53

業種別④ 素材、機械製造 (特定技能)
④ Gia công nguyên liệu, chế tạo máy

鋳造、金属のプレス加工、溶接などものづくりの最前線を担う分野です。職人の世界のイメージもありますが、外国人には丁寧なケアが必要でしょう。

自己紹介、工場の説明

①私は マネージャー の井本です。

私 は マネージャー
Tôi là quản đốc Imoto.
トーイ ラー クワン ドック イモトー

②この工場では 溶接 を専門に行っています。

工場 この 専門に about 溶接
Nhà máy này chuyên về hàn.
ニャー マイ ナイ チュイェン ヴェー ハーン

③主な製品は テレビの部品 です。

製品【商品】 主要 は 部品 テレビ
Sản phẩm chính là linh kiện tivi.
サン ファム チンー ラー リン キエンッ ティーヴィ

仕事を教える

④ あらゆるモノ を整理しましょう。

君 please keep every もの 整然
Em hãy giữ mọi thứ gọn gàng.
エム ハイ ズゥ モイ トゥー ゴン ガーン

⑤君は メッキ加工 を担当します。

君 担当する【就責任】 メッキ 金属
Em chịu trách nhiệm mạ kim loại.
エム チウ チャック ニエム マッ キム ロアイッ

⑥ 安全 を点検してください。

君 please 点検【検査】 安全【安全】 ね
Em hãy kiểm tra an toàn nhé.
エム ハイ キエム チャー アン トアン ニェー

⑦「カイゼン」のアイデアを出してください。

please 出す 考え【試験】 ために 改善
Hãy đưa ra ý tưởng để cải tiến.
ハイ ドゥア ザー イー トゥオン デェ カァイ ティエン

154

① エンジニア	kĩ sư キィ スッ

① 教育担当	phụ trách đào tạo フ チャック ダオ タオッ

① 部長	trưởng phòng チュオン フォン

② ダイキャスト加工	② 板金加工	② 鋳造
đúc chết ドゥック チェット	gia công kim loại tấm ザー コン キム ロアイッ タム	vật đúc ヴァット ドゥック

②⑤ 塗装	sơn ソン

③ 電子機器	thiết bị điện tử ティエット ビ ディエットゥ

⑥ 工具	công cụ / dụng cụ コン クッ ズン クッ

③ プラ成型	③ 製品組み立て	⑤⑥ 安全管理
đúc khuôn nhựa ドゥック クフォン ニュア	lắp ráp sản phẩm ラップ ザップ サン ファム	quản lý an toàn クワン リー アン トアン

⑤⑥ 製造ライン	⑤ 検品	⑤ 資材調達
dây chuyền sản xuất ザイ チュイエン サン スワット	kiểm tra sản phẩm キエム チャ サン ファム	mua sắm vật liệu ムア サム ヴァッ リェウ

労働災害	安全第一	リストラ【再構築】
tai nạn lao động タイ ナン ラオ ドング	an toàn là trên hết アン トアン ラーチェンヘット	tái cấu trúc タイ コウ チュック

Unit 54

業種別⑤ 電気・電子情報関連（特定技能）
⑤ Ngành liên quan điện khì, điện máy

様々な家電、機械に使われる電子機器。電化が進む自動車の部品はその代表例と言えるでしょう。手先が器用なベトナム人に向いている分野でもあります。

自己紹介など

外来語は上げ気味に、「インタネット」「コラ（cola）」のように音引きなしで。

①私は IoT 担当の鈴木です。
★ IoT は Internet Vạn Vật とも言う。

私	は		担当	（する）	

Tôi là Suzuki phụ trách IoT .
トーイ ラー スズキ フ チャック イーオーテー

②松尾さんは 組み立てライン に詳しいです。

| Mr | | 知る | よく | about | ライン | 組み立て |

Anh Matsuo biết rõ về dây chuyền lắp ráp .
アイン マツオー ビエット ゾオ ヴェー ザイ チュイエン ラップ ザップ

③これらは 電気自動車 の部品です。

| これ | は | 複数 | 部品 | of | 車 | 電気 |

Đây là các linh kiện của xe điện ※ **.**
ダイ ラー カック リン キエンッ クゥア セー ディエン

仕事を依頼する

※一般的には xe ô tô điện（電気自動車）、xe máy điện（電動バイク）など車種を含めて言うことが多い。

④ ゴムの手袋 を（使用）して。

| please | 使う | 手袋 | ゴム |

Hãy sử dụng găng tay nhựa .
ハイ スゥ ズンッ ガン タイ ニュアッ

⑤ 配線 を間違わないように。

| しないで | 付ける | ミス | ～上 | 仕事 | 配線する |

Đừng mắc lỗi trong việc đấu dây .
ドゥン↓ マック ロォイ チョン ヴィエック ドー ザイ

⑥ 組み立て が終わったら言ってください。

| please | 言う | for | 私 | 時 | 組み立て | 終える |

Hãy nói cho tôi khi lắp ráp xong .
ハイ ノイ チョー トーイ キヒー ラップ ザップ ソン

⑦緊急です。フンが感電しました。

| 緊急 | フン | 受け身 | 感電する | 過去形 |

Khẩn cấp! Hưng bị điện giật rồi .
カーン カップ フン ビッ ディエンッ ザット ゾーイ

156

例文の網掛け部分を入れ替えてみましょう。（数字は該当する例文です）

① モーター	động cơ điện
① エンジン	động cơ
② 人工知能 = AI	trí tuệ nhân tạo

② ガス溶接	② アーク溶接	② 半導体
hàn hơi	hàn hồ quang điện	chất bán dẫn

③ IC チップ	vi mạch
③ 蓄電池	pin lưu trữ
③ バッテリー	ắc quy

③ 家電	③ 照明器具	③ はんだ付け
đồ điện gia dụng	thiết bị chiếu sáng	hàn bằng chì

③ 電圧計、テスター	③ ガスバーナー	④ NC 旋盤
vôn kế	đầu đốt gas	máy tiện NC

④ 電動ドリル	⑤ 絶縁体	⑤ 電気回路
máy khoan điện	chất cách điện	mạch điện

1 基本表現

2 旅行編

3 生活編

4 仕事編

5 現地お役立ち編

Unit 55

業種別⑥ 建設業（特定技能）
⑥ Ngành xây dựng

ベトナムでは竹で足場を組み、れんがを積み上げる方式の現場を見かけます。
器用に細い足場を登り、建物を素早く作る器用さは日本でも生かせることで
しょう。

自己紹介、現場の案内

> An toàn là trên hết.（安全は全てに優先する）は
> ベトナムの建設現場でもよく見かける標語です。

①私が 現場監督 の工藤です。

私 **は** **監督** **現場責任者（工事長）**
Tôi là giám đốc công trường Kudo.
トーイ ラー ザーム ドック コン チュオン クドー

②安全第一 を忘れないで。

しないで **忘れる** **安全** **は** **above** **全て**
Đừng quên an toàn là trên hết.
ドゥン↓ クエン アン トアン ラー チェン ヘット

③ゴミ捨て場 はここですよ。

捨て場 **ごみ** **at** **ここ** **ね**
Bãi rác ở đây nhé.
バイィ ザック オォ ダイ ニェー

仕事を依頼する、注意する

④手押し車 を持ってきてください。

please **運ぶ** **手押し車** **こちらに**
Hãy mang xe đẩy đến đây.
ハイ マン セー ダイ デン ダイ

⑤それはとても 重い から気を付けて。

please **注意する** **ので** **とても** **重い**
Hãy cẩn thận vì rất nặng.
ハイ カァン タハンッ ヴィー ザット ナン

⑥ヘルメット をかぶって。

君 **must** **wear** **ヘルメット**
Em phải đội mũ bảo hiểm.
エム ファイ ドォイ ムウ バオ ヒェム

⑦30分間 休憩します。
＊15分＝ mười lăm phút、1時間＝ một giờ

please **休憩する** **30** **分**
Hãy nghỉ ngơi ba mươi phút.
ハイ ンギー ンゴイ バー ムォイ フット

基 本 単 語　例文の網掛け部分を入れ替えてみましょう。（数字は該当する例文です）

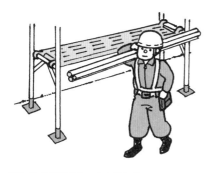

① 大工	thợ mộc トッ モック
① 職長	tổ trưởng トー チュオン
① 親方、棟梁	ông chủ thợ mộc オング チュウ トッ モック

① 玉掛者	① 合図者 ※クレーンなど	① 建設会社
người treo cáp ングオイ チェオ カップ	người ra hiệu ングオイ ザー ヒエゥ	công ty xây dựng コン ティ サイ ズンッ

③ クレーン	cần cẩu カン カウ
④ 足場	tấm lót chân タム ロット チャン
④ 有機溶剤	dung môi hữu cơ ズン モイ ヒュウ コ

③ コンクリートポンプ車	③ 立ち入り禁止場所	④ 石こうボード
xe bơm bê tông セー ボム ベートン	nơi cấm vào ノイ カァム バオ	tấm thạch cao タム タック カオ

⑥ 安全帯	⑥ 防塵マスク	⑥ 防塵メガネ
dây đai an toàn ザイ ダイ アントアン	khẩu trang chống bụi カァウ チャン チョン ブイ	mắt kính chống bụi マット キン チョン ブイ

⑥ フォークリフト	⑥ 耳栓	健康診断
xe nâng セー ナン	nút bịt lỗ tai ヌッ ビッ ロータイ	khám sức khỏe カム スック コホェ

業種別⑦ 造船、舶用工業（特定技能）
⑦ Ngành đóng tàu / Công nghiệp hàng hải

中国、韓国に押され、すっかり元気がなくなった日本の造船関連業界ですが、技術はまだまだ残っています。技能伝承という意味でも外国人労働者は貴重です。

工場の説明

> chân は足、vịt はアヒル。アヒルが水面下で水を掻いて進むのになぞらえている。

①あの船は タンカー です。

類別詞	船	あの	は		タンカー	

Con tàu đó là tàu chở dầu .
コン　タオ　ドー　ラー　タオ　チョオォ　ゾゥ

②この工場の専門分野は スクリュー です。

工場	この	専門に	about	スクリュー

Nhà máy này chuyên về chân vịt .
ニャー　マイ　ナイ　チュイェン　ヴェー　チャン　ビット

③ 船底 の修理をしています。

私	現在進行	修理	船底

Tôi đang sửa đáy tàu .
トーイ　ダン　スゥア　ダイー　タオ

仕事を教える

④ 鉄 に さび止め塗装を します。

覆う		塗装	反	さび	for	鉄

Phủ lớp sơn chống rỉ cho sắt .
フゥ　ロップ　ソン　チョン　ズィィ　チョー　サット

⑤君は 材料の切断 を担当 します。

君	担当する [責任中!]		切る	材料

Em chịu trách nhiệm cắt vật liệu .
エム　チウ　チャック　ニェム　カット　バット　リェウ

⑥組み立てた後、パーツ を 溶接 します。

後	で	組み立てる	then	溶接	複数	部品

Sau khi lắp ráp, thì hàn các bộ phận .
サオ　キヒー　ラップ　ザップ　ティ　ハーン　カック　ボッ　ファン

⑦最後に 艤装品 を取り付けます。

最後	に	取り付ける	設備	関連

Cuối cùng cài đặt thiết bị liên quan .
クオイ　クン　カイー　ダット　ティエット　ビ　リエン　クワン

〈コンテナ船〉

甲板　boong tàu

方向舵
bánh lái tàu

錨　mỏ neo

① コンテナ船	tàu container タオ　コンテナー
① クルーズ船	tàu du lịch タオ ズーリック
① 貨物船	tàu chở hàng タオ チョー ハン

① 救命艇	②③ 羅針盤	②③ スクリュー軸
xuồng cứu sinh スオン　キュウ スィン	la bàn ラー バン	trục chân vịt チュック チャン ビット

④ 舵輪	bánh lái tàu バイン ライ タオ
④ 甲板	boong tàu ボオン　タオ
④ 塗り直し	lớp sơn lại ロップ ソン ライ

赤く塗る	白く塗る	②③ 船舶用エンジン
sơn đỏ ソン ドォオ	sơn trắng ソン　チャン	động cơ thủy ドン　コ トゥイ

⑤ 保管する	⑤ 移動する	埠頭、岸壁
lưu trữ リュウ チュウ	di chuyển ズィー チュイェン	bến cảng / cầu cảng ベン カァン　コウ カァン

水先案内人	⑦ 汽笛	⑦ 錨
(người) hoa tiêu (ングォイ) ホア ティエウ	còi tàu コイ タオ	mỏ neo モオ ネオ

1 基本表現
2 旅行編
3 生活編
4 仕事編
5 現地お役立ち編

161

ベトナム人労働者、中国越えへ
コンビニに見える主役交代

　厚生労働省が 2020 年 1 月末に発表した外国人雇用状況によると、19 年 10 月末時点の日本で働く外国人労働者は前年比 14％増の約 166 万人と過去最高を更新しました。首位は中国で 8％増の約 42 万人、2 位はベトナムで 24％増の約 40 万人。調査を始めた 2008 年以降、12 年連続で首位を守っている中国にあと 2 万人弱まで迫っています。新型コロナウイルス収束後の往来がどこまで回復するかにもよりますが、20 年はベトナムが追い抜く可能性が十分にあるでしょう。

　その新旧交代を象徴するのがコンビニエンスストアです。高い語学力が求められるコンビニの店員は中国人が多かったのですが、仕事量の多さ、深夜勤務などから敬遠され、時給の高いほかのバイトに流出する人が増えました。補ったのが見た目が日本人に似ていて、語学力に優れ、長時間労働をいとわないベトナム人です。日本に在留するベトナム人の間ではコンビニでバイトできるというのは高い語学力を示すもので、一種のステータスがあるのだといいます。

　技能実習生、留学、特定技能など様々な名目でベトナム人は日本にやってきます。多くが技能や知識の習得に一生懸命励む一方、出稼ぎが主目的という人も少なくないように感じます。平均月収が 3 万〜 4 万円にすぎないベトナム人にとって日本でのアルバイトは超高給です。生活費を切り詰め、貯金に励み、親元などへ仕送りします。

　日本に来るための費用は不当に高いことが多いです。悪徳ブローカーが多数存在し、100 万円以上支払うこともざらです。働かなければ渡航費の借金が返せないベトナム人と、外国人がいなければ店が回らないコンビニ。中国人という主役の存在感が弱まるなか、ベトナム人とコンビニの相互補完関係はいや応なく強まることでしょう。

column

SNS 犯罪に透ける課題
低い規範意識と生活苦が背景

　愛知県警は 2020 年 6 月、大麻取締法違反容疑で同県東海市に住むベトナム人男性（26）を逮捕しました。2019 年 4 月に新設された在留資格「特定技能」で来日しており、同資格での在留者で初の逮捕となりました。SNS（交流サイト）「フェイスブック（FB）」を通じて大麻草を 10 万円で知人に譲渡した疑いでした。この事件の背景には二つのことが隠れているように思えます。

　一つはベトナム人の SNS に対する規範意識の低さです。大麻関連の犯罪はベトナムで多数摘発され、SNS が売買の温床になっています。地元紙トイチェによると大麻成分入りのチョコ、ケーキなどが堂々と SNS で売られています。

　ベトナムでは 2020 年時点で約 6300 万人が FB を利用します。筆者も 200 人以上のベトナム人の FB 友達がいます。その中にはネット商店として輸入品などを販売する人のほか、仕事をあっせんしたり、結婚相手を紹介したりする書き込みまであります。職業安定法、関税法など法令違反の可能性はありますが、気にする人はいません。誰とでもつながる手軽さから「大麻も売ってみよう」と思い立ったのでしょう。

　もう一つは在留するベトナム人の生活苦です。新型コロナウイルスの感染拡大に伴って解雇や自宅待機を勤務先、研修先から言い渡される人が相次いでいます。

　警察庁が 19 年に摘発した外国人 1 万 1655 人のうち、国別ではベトナムが最多で 3365 人（29％）を占めます。渡航費用の無理な借金、劣悪な労働条件など犯罪の温床となる原因は明らかになりつつあります。日越両国で対策に取り組む必要があるでしょう。

業種別⑧ 自動車整備業（特定技能）
⑧ Bảo dưỡng ô tô

ベトナムの 2020 年の新車販売台数は日本の 11 分の 1 の約 40 万台です。今後急拡大する見通しで、日本の整備技術を学びたい人が増えています。

自己紹介など

①私は 自動車整備士 の 田村 です。

<ruby>私<rt>私</rt></ruby> <ruby>は<rt>は</rt></ruby> <ruby>車の整備士<rt>車の整備士</rt></ruby>
Tôi là thợ sửa xe Tamura .
トーイ ラー ト スゥア セー タムラー

②木村 さんは エンジン に詳しいです。

Mr　　　　　　　知る　よく　about　エンジン
Anh Kimura biết rõ về động cơ .
アィン キムラ ビエット ゾォ ヴェー ドン コ

③ヘッドライト を点検します。

私　点検する　ヘッドライト
Tôi kiểm tra đèn pha .
トーイ キエム チャ デン ファ

仕事を依頼する

④タイヤ をチェックして。

please　検査【検定】　タイヤ
Hãy kiểm tra lốp xe .
ハイ キエム チャ ロップ セー

⑤オイル交換 はできますか？

君　交換　オイル　可能
Em thay dầu nhớt được không?
エム タイ ゾウ ニョット ドゥオック コホン

⑥ブレーキ の効きが悪いようです。

～のようだ　ブレーキ　車　効く
Có vẻ như phanh xe không ăn.
コー ヴェ ニュー ファイン セー コホン アン

⑦新しいバッテリー を持ってきて。

君　please　運ぶ　瓶状の物　バッテリー　新しい
Em hãy mang bình ắc quy mới .
エム ハイ マン ビン アック クイー モイー

例文の網掛け部分を入れ替えてみましょう。(数字は該当する例文です)

① 車の販売員	người bán xe ンゥォイ　バン　セー
① 仲介業者	người môi giới ンゥォイ　モイ　ゾーイ
④ 点火プラグ	bugi ブーズィ

②④ ディスクブレーキ	② ブレーキ、制動装置	④ ワイヤーハーネス
phanh đĩa ファイン ディア	phanh ファイン	bộ dây dẫn ボッ ザイ ザン

④ ワイパー	cần gạt nước カン ガット ヌオック
④ ドア	cửa クゥア
④⑥ アクセル	chân ga チャン ガー

④ シートベルト	④ フロントガラス	④⑥ ウインカー
dây an toàn ザイ アントアン	kính chắn gió キン チャン ゾー	xi nhan / đèn báo rẽ シー ニャン ／ デン バオ ゼェ

④⑥ ヘッドライト	④⑥ テールランプ	④⑥ ブレーキランプ
đèn pha (trước) デン ファー（チュオック）	đèn hậu デン ホウッ	đèn phanh デン ファイン

④⑥ ラジエーター	運転席	助手席
bộ tản nhiệt / két nước ボ タン ニエッ／ケッ ヌオッ	ghế lái ゲー ライ	ghế phụ ゲー フー

Unit 58

業種別⑨ 航空業（特定技能）
⑨ Ngành liên quan đến hàng không

コロナで大打撃を受けましたが、多くの人の命を預かる重要な業界です。日本の高い技術を母国に持ち帰ろうと、技術志向のベトナム人が集まると思われます。

自己紹介など

①私は 航空整備士 の多田です。

私 は　　整備士　　　飛行機
Tôi là thợ kỹ thuật máy bay Tada.
トーイ ラー ト キー トゥアット マイ バイ ターダー

②井本さんは 主翼 に詳しいです。

Mr　　　　　知る よく about　　翼　　主な
Anh Imoto biết rõ về cánh chính.
アィン イモトー ビエット ゾォ ヴェー カイン チン

③君は B777 の担当ですよ。

君 担当【負責】　　　　　　　　ね
Em phụ trách B777 nhé.
エム フッ チャック ベーバイバイバイ ニュー

仕事を依頼する、注意する

ベトナム語は仏領だった影響で、アルファベットは「アー、ベー、セー」と仏語読みの人が多いです。

④ お客様の荷物 を整理して。

please 整理する　　荷物　　of 客【客】
Hãy sắp xếp hành lý của khách.
ハイ サップ セップ ハィンリー クゥア カハック

⑤ エンジン の点検を手伝って。

君 please 手伝う 私　　検査　　発動機【動検】
Em hãy giúp tôi kiểm tra động cơ.
エム ハイ ズゥップ トーイ キェム チャ ドンッ コ

⑥ 滑走路 では気を付けてください。

please 注意【謹慎】 上　　滑走路
Hãy cẩn thận trên đường băng.
ハイ カァン タンッ チェン ドゥオン バン

⑦ 翼の上 を歩いてはいけません。

丁寧語 しないで 歩く on 翼
Xin đừng đi bộ trên cánh.
シン ドゥン ディー ボッ チェン カイン

② 車輪	lốp máy bay ロップ マイ バイ
② 尾翼	cánh đuôi カイン ドゥオイ
② フラップ	cánh liệng カイン リェンッ

① パイロット【飛工】	① 客室乗務員	① グランドスタッフ
phi công フィー コン	tiếp viên hàng không ティエップ ビェン ハン コホン	nhân viên mặt đất ニャン ヴィエン マット ダット

離陸する	cất cánh カット カイン
着陸する	hạ cánh ハッ カイン
③ コックピット	buồng lái ブオン ライー

③ グランド・ハンドリング	③ 昇降舵、エレベーター	③ 航空機エンジン
xử lý mặt đất スゥ リー マッ ダッ	cánh lái độ cao カイン ライ ドッ カオ	động cơ máy bay ドンッ コ マイ バイ

⑤ 燃料	⑤ ヘリコプター	⑤ 小型飛行機
nhiên liệu ニェン リェウッ	(máy bay) trực thăng （マイ バイ）チュックッ タン	máy bay hạng nhẹ マイ バイ ハンッ ニェッ

⑤ ベルトコンベヤー	⑤ ランディング・ギア	⑤ プロペラ
băng chuyền バン チュイェン	bộ phận hạ cánh ボッ ファン ハッ カイン	cánh quạt カイン クワット

Unit 59

業種別⑩ 宿泊業（特定技能）
⑩ Khách sạn và dịch vụ liên quan

特定技能で2万人以上を受け入れる予定の宿泊業。コロナ収束後に業界を立て直すには優秀な人材が不可欠です。ベトナム人は即戦力になりうるかもしれません。

自己紹介など

> ベトナム語では「総支配人」は社長・トップの意味が強い giám đốc【監督】と言った方がよいと思います。

①私は マネージャー* の加藤です。
*部課長クラス

私 は　　　　　マネージャー
Tôi là Kato, người quản lý.
トーイ ラ カトー　ングオイ　クワン リー

②ここは 四つ星ホテル です。

ホテル【客棧】　四つ　星
Đây là khách sạn bốn sao.
ダイ ラー カック　サン　ボン　サオ

③我々の自慢は 良いサービス です。

我々　　　自慢の　about　接客　良い
Chúng tôi tự hào về dịch vụ tốt.
チュン トーイ トゥッ ハオ ヴェー ズィック ヴ トット

仕事を教える

④お客様への 挨拶 を忘れずに。

しないで 忘れる　挨拶　客
Đừng quên chào hỏi khách.
ドゥン↓ クェン チャオ ホイ カック

⑤君は 宴会場 を担当してもらいます。

君　担当する【就責任】　宴会場　ね
Em chịu trách nhiệm phòng tiệc nhé.
エム チウ チャック ニェム フォン ティエック ニェー

⑥あなたたちは顧客に誠実でなければなりません。

あなたたち must 置く 心 toward 客
Các em phải để tâm tới khách.
カック エム ファアイ デ タム トーイ カック

⑦チップは要求しないで。

しないで 要求 チップ
Đừng hỏi tiền boa.
ドゥン↓ ホイ ティエン ボア

① フロント係	lễ tân レェ タン
① ドアマン	nhân viên trực cửa ニャン ヴィエン チュック クゥア
① ベルボーイ	nhân viên hành lý ニャン ヴィエン ハィン リー

※直訳では「共同運営」のホテル。

② 外資系ホテル	③ 観光名所	③ 料理
khách sạn liên doanh カック サン リエン ゾアイン	danh lam thắng cảnh ザイン ラム タン カイン	món ăn モン アン

⑤ 予約	đặt phòng ダット フォン
⑤ 客室	phòng khách フォン カック
⑤ 調理場	phòng bếp フォン ベップ

④ 愛想、気配り	④ 感謝の気持ち	④ 親切さ、優しさ
niềm nở ニェム ノオオ	lòng biết ơn ロン ビェット オン	lòng tốt ロン トット

⑤ スイートルーム	シングルルーム	ダブルルーム
phòng hạng sang フォン ハン サン	phòng đơn フォン ドン	phòng đôi フォン ドイ

予約キャンセル	ネット予約	プール
hủy đặt trước ヒュウイ ダット チュック	đặt trên mạng ダット チェン マン	hồ bơi ホー ボイ

60 業種別⑪ 農業 (特定技能)
⑪ Nông nghiệp

高齢化、後継者不足で慢性的に人手不足の農業。特定技能でやってくるベトナム人は救世主になるかもしれません。

自己紹介など

ベトナム語の語源は中国語なので、【 】内の漢越語をイメージすると暗記しやすい。

①私は キャベツ 農家です。

私 は 農民 植える キャベツ
Tôi là nông dân trồng bắp cải.
トーイ ラー ノン ザン チョン バップ カァイ

②北島さんは 害虫 に詳しいです。

Mr 知る よく about 害虫 【昆虫有害】
Anh Kitajima biết rõ về côn trùng có hại.
アイン キタジマ ビエット ゾオ ヴェー コン チュン コー ハイ

③ 有機農法 を研究しています。

私 現在進行 学ぶ 農業 有機
Tôi đang học nông nghiệp hữu cơ.
トーイ ダン ホック ノン ギエップ ヒュウ コ

仕事を依頼する

④ 収穫 を手伝って。

please 手伝う 私 収穫 【収穫】 ね
Hãy giúp tôi thu hoạch nhé.
ハイ ズゥップ トーイ トゥー ホアック ニェー

⑤ トラクター から離れてください。

please 避ける 遠く トラクター
Hãy tránh xa máy kéo.
ハイ チャイン サー マイ ケオ

⑥豚に餌を食べさせてください。

please let 豚 食べる ね
Hãy cho lợn ăn nhé.
ハイ チョー ロン アン ニェー

基 本 単 語 例文の網掛け部分を入れ替えてみましょう。（数字は該当する例文です）

① じゃがいも	khoai tây コホアイ タイ
① ニンジン	cà rốt カー ゾット
① 白菜	cải thảo カァイ タオ

① ねぎ／タマネギ	① ピーマン	① 大根
hành / củ hành ハイン ／ クゥ ハイン	ớt chuông xanh オァット チュオン サイン	củ cải クゥ カァイ

② 益虫	côn trùng có ích コン チュン コー イック
③ 化学肥料	phân bón hóa học ファン ボン ホア ホック
③ 農業機械	máy nông nghiệp マイ ノン ギエップ

① コメ ※lúa 単体は「稲」	⑤ 田植え機	⑤ 脱穀機
lúa gạo ルア ガオッ	máy trồng lúa マイ チョン ルア	máy xay lúa マイ サイ ルア

くわ	鎌	シャベル
cuốc クオック	liềm リェム	xẻng セェン

⑤ コンバイン	出荷する	軍手
máy gặt đập liên hợp マイ ガット ダップ リエン ホップ	xuất hàng / giao hàng スアット ハン ／ ザオ ハン	găng tay lao động ガン タイ ラオ ドンッ

Unit

61 業種別⑫ 漁業（特定技能）
⑫ Ngư nghiệp

農業と並んで後継者、人材不足が顕著な業界です。南北に長く、沿岸部出身も多いベトナム人は有望と言えるでしょう。

自己紹介など

ベトナム語では魚を意味する「cá」の後に魚の名前を付けます。イカなど水生生物は「con」の後に付けます。

---

①私は 船長 の後藤です。

私 は　　　**船長**
Tôi là Goto, thuyền trưởng.
トーイ ラー ゴトー　　トゥイエン　チュオン

---

② カツオ を捕ります。

捕獲する　魚　カツオ
Tôi đánh bắt cá ngừ vằn.
トーイ ダイン バット カー ングー ヴァン

---

③時々 遠洋 まで漁に行きます。

私　時々　行く　捕獲する　魚　遠い　海洋
Tôi đôi khi đi đánh bắt cá xa bờ.
トーイ ドイ キー ディー ダイン バット カー サー ボー

仕事を教える

---

④ 釣り針 に気を付けて。

please　注意【謹慎】　釣り針
Hãy cẩn thận lưỡi câu.
ハイ カァン タハンツ ルォイ カウ

---

⑤君は 魚群探知機 の担当です。

君　担当の【就責任】　探知機　探す　魚　ね
Em chịu trách nhiệm máy dò tìm cá nhé.
エム チウ チャック ニエム マイ ゾー ティム カー ニェー

---

⑥ 救命胴衣を着る のを忘れないで。

しないで　忘れる　着る　救命　胴衣
Đừng quên mặc áo phao.
ドゥン↓ クエン マック アオ ファオ

---

⑦大変だ。船が沈む。

緊急です　類別詞　船　will　受け身　沈む
Khẩn cấp! Con tàu sắp bị chìm.
カーン カップ コン タウ サップ ビッ チム

基 本 単 語 例文の網掛け部分を入れ替えてみましょう。（数字は該当する例文です）

② マグロ	**cá ngừ** カーングー
② サケ	**(cá) hồi** （カー）ホイ
② イカ	**(con) mực** （コン）ムック

① 副船長	① 漁師	① 女性漁師、海女
thuyền phó トゥイエン フォー	**ngư dân** ングー ザン	**nữ ngư dân** ヌー ングー ザン

④ 網	**lưới** ルォイ
④ 釣り糸	**dây câu cá** ザイ カウ カー
④ 銛＝もり	**cái chĩa** カイー チア

④ 餌を付ける／餌	④ たも	④ リール
móc mồi / mồi モック モイ　モイ	**vợt bắt cá** ボット バット カー	**máy câu** マイ　カウ

⑥ 救命浮輪	⑤ とも、船尾	⑤ おもて、船首
phao cứu sinh ファオ キュウ スィン	**đuôi tàu** ドゥオイ タオ	**mũi tàu** ムウイ タオ

⑤ 右舷	⑤ 左舷	⑤ 無線
mạn phải マン ファアイ	**mạn trái** マン チャイ	**bộ đàm** ボ　ダム

業種別⑬ 飲食料品製造業（特定技能）
⑬ Ngành chế biến thực phẩm và đồ uống

機械化、省人化が進む製造業にあって飲食料品は人手に頼らなければいけない工程が多いです。手先が器用なベトナム人は貴重な戦力になると思われます。

自己紹介など

①私は 工場長 の井出です。
Tôi là Ide, xưởng trưởng.
トーイ ラー イデ スオン チュオン
私 は / 工場長

②この工場では デザート を製造します。
※食品の「製造」は chế biến。
Nhà máy này chế biến các món tráng miệng.
ニャー マイ ナイ チェ ビエン カック モン チャン ミエン
工場 この 製造 複数 類別詞 デザート

③研修で 技術 を教えます。
Chúng tôi đào tạo kỹ thuật cho các em.
チュン トーイ ダオ タオッ キ トゥアット チョー カック エム
我々 指導 技術 複数 君

仕事を教える

ベトナム語では小麦粉が入ったパン状のものは「bánh」が付きます。「bánh mì」（パン）、「bánh bao」（中華まん）など。

④ 衛生管理 が最優先です。
Quản lý vệ sinh là trên hết.
クワン リィ ヴェッ スィン ラー チェン ヘット
管理【管理】 衛生【衛生】 は 上 何より

⑤あなたは ケーキ 担当です。
Em chịu trách nhiệm bánh ngọt nhé.
エム チウ チャック ニェム バイン ンゴット ニェー
君 担当する【私責任】 ケーキ ね

⑥手を洗う のを忘れないで。
Đừng quên rửa tay.
ドゥン↓ クエン ズゥア タイ
しないで 忘れる 洗う 手

⑦ 果物 を切るときは慎重に。
Hãy cẩn thận khi cắt trái cây.
ハイ カン タハッ キヒー カット チャイ カイ
please 注意【謹慎】 時 切る 果物

174

② 缶詰	đồ hộp ドー ホップ
② お惣菜	thức ăn đã chế biến トゥック アン ダア チェ ビエン
② お弁当	cơm hộp コム ホップ

① 管理栄養士	① 工員	① 人事部長
quản lý dinh dưỡng クワン リー ズィン ズォオン	công nhân nhà máy コン ニャン ニャー マイ	trưởng phòng nhân sự チュオン フォン ニャン スッ

砂糖	đường ドゥオン
牛乳	sữa スゥア
小麦粉	bột mì ボット ミー

③ 知識	④ 食品安全	④ 生産効率
kiến thức キェン トゥック	an toàn thực phẩm アン トアン トゥゥ ファム	hiệu quả sản xuất ヒェウ クワー サン スワッ

⑤ 原材料	⑥ マスクを付ける	⑥ 髪を束ねる
nguyên liệu thô ングェン リェウ ト	đeo khẩu trang デオ カオ チャン	buộc tóc ブオック トック

⑥ ゴム手袋	⑦ 肉	⑦ 野菜
găng tay cao su ガン タイ カオ ス	thịt ティット	rau ザオ

Unit

63 業種別⑭ 外食業（特定技能）

⑭ ngành dịch vụ ăn uống

すでに多くのベトナム人が外食業で活躍しています。語学力の高さ、勤勉さな
どベトナム人の優位性は「特定技能」でますます発揮されるとみられます。

自己紹介など — ベトナム人は「つ」が発音できない人が多いので、１つ２つが
「ひとちゅ」「ふたちゅ」となるケースが多いです。

①私は 店長 の今井です。
私 は / 店長
Tôi là Imai, quản lý nhà hàng.
トーイ ラー イマイ クワン リー ニャー ハン

②ここの バイト は 20 人
います。
at ここ いる 20 バイト
Ở đây có hai mươi nhân viên làm thêm.
オォ ダイ コー ハイ ムオイ ニャン ヴィエン ラム テム

③ ラストオーダー は 9 時
です。
オーダー ラスト は 9 時
Gọi món cuối cùng là chín giờ.
ゴイッ モン クオイ クウン ラー チン ゾー

仕事を教える

④ 食中毒 に気を付けて。
please 注意【警惕】 食中毒【鸡毒食品】
Hãy cẩn thận ngộ độc thực phẩm.
ハイ カァン タンッ ンゴ ドック トゥック ファム

⑤君は 皿洗い の担当です。
君 担当する【负责任】 皿洗い ね
Em chịu trách nhiệm rửa bát đĩa nhé.
エム チウ チャック ニェム ズゥア バット ディア ニェー

⑥お客様を 待たせ ないよ
うに。
しないで let 客 待つ
Đừng để khách hàng chờ.
ドゥン↓ デェ カック ハン チョー

⑦ 机をきれいにする のを
手伝って。
please 手伝う 私 clean 机
Làm ơn giúp tôi dọn sạch bàn.
ラーム オン ズゥップ トーイ ゾンッ サック バン

例文の網掛け部分を入れ替えてみましょう。(数字は該当する例文です)

① シェフ　đầu bếp
ダオ　ベップ

① ウェイター　nam tiếp viên
ナム ティエップ ヴィエン

① ウエイトレス　nữ tiếp viên
ヌー ティエップ ヴィエン

① 副店長
phó quản lý nhà hàng
フォー クワン リー ニャー ハン

① 清掃員
nhân viên dọn dẹp
ニャン ヴィエン ゾン ゼップ

③ 開店時間
giờ mở cửa
ゾー モオ クゥア

③ 閉店時間　giờ đóng cửa
ゾー ドン クゥア

④ 食品ロス　lãng phí đồ ăn
ラン フィー ドー アン

⑤ 接客　tiếp khách
ティエップ カック

⑤ 仕入れ
mua vào
ムア ヴァオ

⑤ デリバリー
giao hàng / gọi đến nhà
ザオ ハン / ゴイ デン ニャー

持ち帰り、テイクアウト
mang về
マン ヴェー

⑥ 怒らせる
làm tức giận
ラーム トゥック ザン

⑥ 不快にする
làm không hài lòng
ラーム コォン ハイ ロン

⑦ 調理する
nấu ăn
ノウ アン

⑦ 下ごしらえ
chuẩn bị nguyên liệu
チュアン ビッ ングェン リェウ

⑦ クレーム処理
giải quyết khiếu nại
ザーイ ケット キエウ ナイッ

個室
phòng riêng
フォン ズィエン

177

犯罪、事故に遭遇したとき

　日本における外国人犯罪で、ベトナムは国別トップの3割近くを占めます（2019年）。残念ながらベトナム人による犯罪に遭遇するリスクはあります。その場に居合わせたときの声掛け表現を知っておきましょう。

店員や目撃者

日本語	ベトナム語
万引きをしましたね？	Anh[Chị] đã ăn trộm, phải không? アイン［チッ］ ダア アン チョム ファイ コホン
それはしないほうがいいよ。	Em không nên làm như vậy. エム コホン ネン ラーム ニュー ヴァイ
法律違反ですよ。	Bất hợp pháp rồi.※ バット ホップ ファップ ゾーイ

※文末詞は đấy でも。

事故

日本語	ベトナム語
救急車を呼びましょうか？	Tôi gọi xe cấp cứu nhé? トーイ ゴイッ セー カップ クウウ ネェ
助けが要りますか？	Anh[Chị] cần giúp đỡ không? アイン［チッ］ カン ズゥップ ドオ コホン
けがをしていないですか？	Anh[Chị] có bị thương không? アイン［チッ］ コー ビッ トゥオン コホン
ここは危ないです。	Ở đây nguy hiểm. オォ ダイ ングイー ヒエム

警察用語

武器を捨てなさい。	Anh[chị] hãy bỏ vũ khí xuống. アイン［チッ］ ハイ ボオ ヴー キヒー スオン
現行犯逮捕します。	Bắt quả tang anh/chị. バット クワー タン アイン／チッ
あなたは彼女をなぐりましたね？	Anh[Chị] đã đấm cô ấy à?※ アイン［チッ］ ダア ダム コー アイー アー

※ à? の代わりに、có phải không? を使うことも多いです。

犯罪に関する単語

万引き	ăn trộm / lấy cắp	けがをする	bị thương
泥棒	kẻ cắp	捕まえる	bắt giữ
強盗	kẻ cướp	逮捕する	bắt (bớ)
殴る	đấm	犯人	tội phạm / phạm nhân
警察	cảnh sát 【警察】	容疑者	nghi phạm 【疑犯】
留置場	nơi tạm giữ	弁護士	luật sư 【律師】
刃物	dao 【刀】	検察官	kiểm sát viên 【検察員】
銃	súng 【銃】		
夜中	nửa đêm		

文末詞は感情を表す「スパイス」

発音と並んで、ベトナム語学習者を悩ませるのが<u>文章の最後に付ける文末詞</u>です。会話で使う品詞で、日本語の「〜だよ」「〜だね」みたいなものです。一見すると大した意味がなさそうに思えるのですが、文末詞があるのとないのとではニュアンスが全然違います。無味乾燥な文章に感情を付加する「スパイス」と思ってください。

🥇 金メダル（使用頻度高い）※矢印は意識したほうが通じます。

文末詞	意味	例文
à アー↓	軽い疑問 驚き	Em không biết Osaka à? （君、大阪知らないの？）
ạ アッ	経緯を示す 丁寧語	Dạ. Vâng ạ. （はい、かしこまりました）
chứ チュー↑	当然の疑問形 念押し	Anh đang ở Hà Nội chứ? （あなた、ハノイにいるわよね？）
nhé / nha ニェー／ニャー	親しみを示す 「〜ね」	Cảm ơn em nhé. （どうもありがとうね）
mà マー↓	軽い不満、抗議の意思を示す	Tôi biết mà. （分かってるってば）

🥈 銀メダル（使用頻度中くらい）

thôi トイ	理由の明示 「〜だよ」	Sự khác biệt văn hóa thôi. （文化の違いだよ）
nhỉ ニィイ	同意を求める 「〜だよね」	Tiếng Việt khó hơn nhỉ? （ベトナム語の方が難しいよね？）
đâu ドウ	否定の強調	Mình không có lỗi đâu. （自分は何も悪くないです）
vậy / thế ヴァイ／テー	疑問の強調	Bạn đi đâu vậy? （おまえ、どこに行くの？）

🥉 銅メダル（使用頻度やや低い）

á（アー↑）強い驚き　　　hả（ハア）不満の意思や確認を求める

luôn（ルオン）仮定法の帰結節「〜になるよ」　　　đấy（ダイー↑）関心を引く「〜だよ」

第5章

現地お役立ち編

はじめて現地に行くと、目に入るベトナム語が
わからなくて戸惑うことも多いと思います。
よくある標識や看板、通りの名前の見方などを
学んでおきましょう。SNSでよく使う略語、
若者言葉も収録しました。

Unit

64 標識
Bảng hiệu

英語が書いていないことも多いです。命に関わる注意喚起もありますよ。

DỪNG LẠI !
CÓ ĐIỆN
NGUY HIỂM
CHẾT NGƯỜI

止まって！

電気（設備）あり
危険
命に関わります

> Dừng lại は信号、交差点などでもよく見かけます。

KHÔNG PHẬN SỰ
CẤM VÀO

関係者以外

立ち入り禁止

> cấm ＋動詞で「〜するのを禁止する」という意味になります。

KHÔNG
HÚT THUỐC LÁ
TRONG TRƯỜNG HỌC

禁じる

たばこを吸うこと
校内で

VUI LÒNG
KHÔNG ĐẬU XE
TRƯỚC NHÀ
XIN CẢM ƠN

お願いします

駐車しないで
家の前に
ありがとう

> 「駐車する」は đỗ xe とも言います。

赤い橋

長さ：68.70 メートル
幅：26.25 メートル

メートルは「メット」と言わないと通じません。
ベトナムではカンマが小数点になります。

気を付けて！

落下物あり

安全は全てに優先します

漢越語の【注意】なのですが、文脈によって注意喚起、留意するなど意味が変わります。

動画および写真撮影禁止

標識に関連する単語

止まれ	dừng lại	気を付けて	hãy chú ý 【注意】
危険	nguy hiểm 【危険】	割引き、セール	giảm giá
生命の危険	chết người	修理、修繕	sửa chữa 【使助】
立ち入り禁止	cấm vào	入り口／出口	lối vào / lối ra
禁煙	cấm hút thuốc	区域、エリア	khu vực 【区域】
撮影禁止	cấm chụp ảnh	公衆便所	nhà vệ sinh công
動画撮影	quay phim [video]		cộng 【家衛生公共】

看板、メニュー
Quảng cáo / thực đơn

小さいお店は英語を書いていないところが多いです。

フォー

煮詰めた牛肉
ブン、春雨
たけのこ
2万5000ドン

> Phở bò（牛肉のフォー）/ Phở gà（鶏肉の
> フォー）以外にも様々なフォーがあります。
> bún も米粉でできた麺の一種です。

ホテル

2時間：5万ドン
3時間：7万ドン
宿泊：15万ドン
　　　高級設備

> QĐ は qua đêm（1泊）の略。
> 数字の横の k は kilo の略で「× 1000」
> を意味します。

前菜
スープ

新鮮なキノコの海鮮スープ
ナマコと裂き鶏肉のスープ
コーンとキノコのチキンクリームスープ
魚（スギ）と葉っぱ（ロット）のスープ
アスパラガスのスープ
カボチャのクリームスープ

デリバリー

無料

giao hàng（デリバリー）
miễn phí（無料）は漢越語で【免費】。

バイクのケア、修理センター
ヤマハ、ホンダ、ピアッジョ

〈縦長の看板〉　修理
　　　　　　　　スクーター
　　　　　　　　ギヤ付きバイク

sửa / sửa chữa で「修理する」という意味になります。chữa では通じません。

看板、メニューに関連する単語

牛／鶏のフォー	phở bò / phở gà	スープ	súp
タケノコ	măng	肉／野菜	thịt / rau
キノコ	nấm	魚醤	nước mắm
コーン	(bắp) ngô	煮詰める	kho
春雨	miến【麺】	スクーター	xe ga
皿	🔵đĩa / 🔴dĩa	ギヤ付きバイク	xe số【車数】

185

Unit 66 ベトナム人の名前
Tên của người Việt

名前が複雑で、呼び方に戸惑うことと思います。基本のルールを覚えましょう。

ベトナム人の名前の構成

名字 ＋ ミドルネーム ＋ 名前
(Họ)　　(Tên đệm)　　(Tên chính)

☆ 女性はミドルネームが2つある場合が多い。

ファーストネーム（名前）で呼ぶ

ベトナムは国民の4割を占める「グエン（Nguyễn、漢越語の阮）」をはじめ、名字の種類が10位までで8割強で、名前でないと個人を識別しにくいからです。

	氏名 （敬称略）	呼び方
男性	Nguyễn Văn Phúc グエン　ヴァン　フック	フックさん
	Trần Văn Minh チャン ヴァン　ミン	ミンさん
女性 ※グレーのマーカー部分がミドルネーム。Thị は女性特有の名前。	Nguyễn Thị Kim Ngân グエン　ティ キム　ガン	ガンさん
	Lê Thị Hiền レ ティ ヒエン	ヒエンさん

呼び方に注意が必要な名前

男女ともに多い Anh は男性の人称代名詞と同じなので、そのまま "Anh ơi." と呼ぶと人名なのか人称代名詞なのか分かりません。ミドルネーム＋名前で呼びます。

	氏名 （敬称略）	呼び方
Anh はミドルネームと一緒に言う。	Nguyễn Việt Anh （男性） グエン　ヴィェット アイン	ヴィェット・アインさん
	Nguyễn Lan Anh （女性） グエン　　ラン アイン	ラン・アインさん
グエン【元】という女性名もある。	Nguyễn Thị Nguyên グエン　ティ　グエン	グエンさん
記号の違いで男女が異なるのに注意。	Nguyễn Văn Anh （男性） グエン　ヴァン アイン	ヴァン・アインさん văn は【文】
	Nguyễn Vân Anh （女性） グエン　ヴァン アイン	ヴァン・アインさん vân は【雲、芸】

186

Plus1 主な名前の日本語のカタカナ読みと漢字

ベトナム人の名前は日本人にとって発音しにくいものが多いです。英語名など
と違い、統一ルールもありませんので、ベトナム人自身がおかしなカタカナ読
みをしてしまうこともよくあります。

筆者がお薦めするカタカナ読みを紹介します。漢字もイメージすると名前を覚
えやすくなります。

	名前	カタカナ	漢字
男性	Dũng	ズン	勇
	Hiếu	ヒェウ	孝
	Hùng	フン	雄
	Khang	カーン	康
	Quang	クアン	光
	Long	ロン	龍
	Tiến	ティエン	進
女性	Hằng	ハン	姮
	Huyền	フエン※	玄
	Linh	リン	鈴
	Phượng	フオン※	鳳
	Thảo	タオ	草
	Thu	トゥー	秋
	Thủy	トゥイ	水

※「フェン」「フォン」と書いてしまうと、fen / fon のように、違う読みになるので注意。

名前に関連する単語

名字	họ	署名する	ký tên
ミドルネーム	tên đệm	サイン	chữ ký
名前	tên	名義	đứng tên (sở hữu)
子を呼ぶ愛称	tên gọi ở nhà	口座名義	tên chủ tài khoản
あだ名	biệt danh	名刺	danh thiếp
命名する	đặt tên	名簿	danh sách

⭐ いわゆるニックネームが biệt danh で、親が子を呼ぶ愛称は別のものです。
（タイやベトナムでは自分の子供を実名と全く違う愛称で呼ぶ慣習があります）

Unit
67 通りの名前
Tên đường

ベトナムを訪れる外国人を悩ませます。母音、声調を示す記号をしっかりと意識して発音するようにしましょう。

通りの名前の由来の三大法則

由来	通りの名前	功績や歴史
偉人の名前	Trần Hưng Đạo（男） チャン フン ダオ	13世紀の武将。モンゴル、元の襲来を退けた。
	Võ Thị Sáu（女） ヴォー ティ サオ	20世紀の仏統治時代に独立運動に参加。19歳で刑死。
歴史的な経緯、出来事	Kim Mã【金馬】 キム マァア	旧王朝時代に馬の育成、訓練場所として使われていた。
	Điện Biên Phủ ディエン ビエン フー	1954年、仏軍をベトナム軍が破った戦いにちなむ。 ※戦場は別のところです。
昔の商店街の名残	Hàng Muối ハン ムオイー	塩の販売店が集積していた。
	Hàng Chuối ハン チュオイー	バナナの販売店が集積していた。

ハノイ、ホーチミン市の有名な通り

	通りの名前	発音の注意
ハノイ	Lê Duẩn レェ ズアァン	「ドゥアン」と発音しがち。アァと声調を意識する。
	Lý Thái Tổ リー タイ トオ	リー、タイをしっかり上げ、最後「トオオ」と言う感じ。
	Hai Bà Trưng ハイ バー チュン	3つの単語を「↑↓→」のイメージで上げ下げ。
ホーチミン市	Nguyễn Huệ グエン フエ	南部発音では「ニュエンフエ」と鼻濁音気味になる。
	Đồng Khởi ドン コォイ	最後のgを発音するイメージ。hの空気音も大事。
	Lê Thánh Tôn レェ タン トン	最初の「レ」は伸ばす。タンの語末をしっかり上げる。

188

Plus1 注意が必要な通り名

地図を見るとき、発音するときの両面で注意が必要な通りを紹介します。

	通りの名前	注意点
アルファベット表記だと区別がつかない	Hàng Đậu ハン ドウッ	đậu は豆、dầu は油ですが、記号を無視する表記だとどちらも dau になります。
	Hàng Dầu ハン ザオ	
名前が似ている	Lê Lai レ ライ	ホーチミン市の高島屋の近くの道路です。二つの道路が近接しています。
	Lê Lợi レ ロイ	
発音が通じない※	Kim Mã キム マァア	ã、õ はしっかりと母音の声調を意識し、「もだえるように」発音しないと通じません。
	Giảng Võ ザン ヴォオ	

※ Kim Mã, Giảng Võ はハノイの有名な通りですが、在住日本人は「キンマー」「ザンボー」と発音しがちです。声調の種類、発音の仕方は序章（p. 13 ～ 18）で詳しく説明しています。

通りの名前に関連する単語

地図	bản đồ	番地	đường số / nhà số
場所	địa điểm【地点】	住所	địa chỉ【地址】
通り	đường phố【道舖】	目印	dấu hiệu
目的地	đích đến	交差点	điểm giao nhau

☆ 通りの名前に関する注意点

● 慣れないうちはスマホの画面を見せるなどして、行き先を文字で確認するのが1番です。地図を読むのが苦手な人が多いので、地図では通じにくいです。

● 「ロッテセンターの近く」など目印となる建物を言って大まかな方向を言っておくと間違いが少なくなります。

略語
Chữ viết tắt

ベトナム語は単語が長くなりがちなので略語が頻繁に使われます。スマホやパソコンでよく使われる略語は、理解が難しいものも増えています。

普通の略語（頭文字を取っただけ）

略語は大文字で書いてあり、記事など初出でも説明はほぼありません。

略語	正式な単語	意味
UBND	ủy ban nhân dân【委員人民】 ウイ バン ニャン ザン	人民委員会
ĐTTM	điện thoại thông minh【電話聡明】 ディエン トワイッ トン ミン	スマホ
KTXH	kinh tế xã hội【経済社会】 キン テー サァ ホイッ	社会経済
ĐCS	đảng cộng sản【党共産】 ダン コンッ サン	共産党
CTCP	công ty cổ phần【公司股分】 コン ティ コオ ファン	株式会社
ĐBSCL	Đồng bằng sông Cửu Long ドン バン ソン クゥ ロン	メコンデルタ
TPHCM	Thành phố Hồ Chí Minh タィン フォー ホー チ ミン	ホーチミン市
QĐ-TCT	quyết định tổng cục thuế【決定総局税】 クイェット ディン トン クック トゥエ	税務総局 指示
BĐS	bất động sản【不動産】 バット ドン サン	不動産
NNV PTNT	nông nghiệp và phát triển nông thôn ノン ンギェップ バー ファッ チエン ノン トン	農業と 農村開発
ĐSQ	đại sứ quán【大使館】 ダイッ ス クワン	大使館
NN	nước ngoài【国外】 ヌオックンゴアイ	外国
NB	Nhật Bản【日本】 ニャット バァン	日本

スマホやパソコンでの略語

入力の手間を減らそうと、ボタンを押す回数が少ない略語が広まっています。こちらは小文字で書くケースが多いです（主に若い人がよく使います）。

略語	正式な単語	意味
ko	không	否定、〜でない
đc	được	可能、〜できる
vk	vợ	妻
ck	chồng	夫
hn	hôm nay / Hà Nội	きょう／ハノイ
a	anh	年上男性の人称代名詞
e	em	年下の人称代名詞
tb	thông báo	報告、知らせる
tg	thời gian	時間
j	gì	何？
thik	thích	好き
fai	phải	〜しなければならない
rùi	rồi	すでに、完了形

例文

私は時間がない。	A ko có tg.
妻は帰宅している。	Vk về nhà rùi.

☆ 略語の注意点

● 普通の略語は公文書でも登場しますが、スマホ略語は親しい相手などに限定した方がベターです。

● 知っていて略すのと知らないで略すのでは大きな違いがあります。ベトナム語上達を目指すなら、正確に書きましょう。

Unit 69 数字
Số

買い物、時間を聞くときなど数字を使うことが多いです。ベトナムの通貨ドンは桁が大きいので、大きな桁の数字の言い方を覚えましょう。(Unit 20 も参照)

数字の基本中の基本

0	1	2	3	4	5	6	7	8	9
không	một	hai	ba	bốn	năm	sáu	bảy	tám	chín
コン	モッ	ハイ	バー	ボン	ナム	サウ	バイ	タム	チン

⭐ スペースの関係上、「超カタカナ表記」ではなく、簡略化しています。

大きい数字の言い方は日本語と同じ

整数の後ろに位を付け、順番に言う。位を示す単語は英語の区切りと同じで、1万を mười nghìn (= ten thousand) と言うなど言い方も同じ。

十	百	千	百万	十億
mười	trăm	nghìn ngàn	triệu	tỷ
ムォイ	チャム	ンギン／ンガン	チェウッ	ティイ

練習問題

ベトナム語を隠しながら練習してみましょう。

※イレギュラーな変化があるときは網掛けしています。

数字	ベトナム語	注意点
22	hai mươi hai	20 以上は mười の声調がなくなる。
71	bảy mươi mốt	20 以上の 1 の位の một は声調が mốt に変わる。
95	chín mươi lăm	1 の位の năm は lăm に変わる。
574	năm trăm bảy mươi bốn	
8,603	tám nghìn sáu trăm không ba	日本語で言う「飛び」と同じ。không mươi とも言う。
200,000	hai trăm nghìn	英語の言い方 (two hundred thousand) と同じ。

1,500,000	một triệu năm trăm nghìn	
38 億	ba **phẩy** tám tỷ	「3.8 billion」の言い方と同じ。 phẩy（ファァイ）は「小数点」。
8 兆	tám nghìn tỷ	「8 thousand billion」と同じ。

Plus1 ▶ ベトナム人は 1000 を省く

80 年代以降の急激なインフレ（貨幣の価値が下がる≒通貨の額面が大きくなる）から、ベトナムドン（VNĐ）は桁が大きいです。庶民は千の位を省いて言い、看板では「k（1000 を示す kilo の頭文字）」で代替することが多いです。

800,000VNĐ → tám trăm (800)

⭐ ドンもあえて言いません。付けると逆に「800 ドン」という印象を与えてしまいます。

30,000VNĐ ＝ 30K → ba mươi (30)

⭐ 飲食店や小売店ではこの表示が多いです。
⭐ 発音するとき、ba mươi K と言うとけげんな顔をされると思います。

類似表現 ▶ 様々な数字の言い方　※ mồng は mùng と簡略化して書く人も増えています。

	ベトナム語	注意点
2020 年	năm hai nghìn không trăm ナム　ハイ　ンギン　コホン　チャム hai mươi ハイ　ムオイ	「年、2 千」のように年あるいは月、日を先に言ってから、後ろに数が続く。
9 月 26 日	ngày hai **mươi** sáu tháng chín ンガイ　ハイ　ムオイ　サウ　タンー　チン	新聞などの日にちの書き方も、「26/9/2020」と日、月、年の順となり、日本とは真逆。
3 月 1 日	ngày mồng※ một tháng ba ンガイ　モン　モッ　タン　バー	月の 1 ～ 10 日は「mồng」を付ける。ないと「1 日目」のように見える。
098-2945-XXX （電話）	không chín tám, hai chín bốn コホン　チン　タム　ハイ　チン　ボン năm .... ナム	không を linh（零）と言うこともある。
36 Đào Tấn （住所）	ba sáu Đào Tấn バー　サウ　ダオ　タン	数字だけを言う場合が多い。百の位は hai trăm などと略さず正確に言う。

若者言葉（スラング）
Những câu và viết tắt của giới trẻ

「言葉は生き物」と言いますが、ベトナム語の若者言葉は変幻自在で、大人の
ベトナム人ですら理解に苦しむことがあるようです（友達以外には使わないで
ください）。

若者がよく使うとされる言葉

（2020 年現在）

おいしい

Ngon vãi.
ンゴン　ヴァイ

超うまい。

辛い

Cay sương sương.
カイー　スオン　スオン

ちょっとだけ辛い。

☆ sương は「霧、露」の意味です。それを 2 つ連ねることでほのかで不十分なニュアンスを出すのです。

Nhà bao việc.
ニャー　バオ　ヴィエック

（やることが多すぎて）超多忙です。

☆ Ở nhà có bao nhiêu là việc.（家にはたくさんの仕事がある）を略した形。もともとはドラマの台詞
で、若者の間に広まったとされます。

受け身　　象　　求める　　　　微姉妹

Được voi đòi hai bà Trưng.
ドゥオック　ボイ　ドイ　ハイ　バー　　チュン

欲張りだ。
（＝趙姉妹も象も要求される）

☆ Được voi đòi tiên（欲張りを意味する慣用句。直訳は、「象に続いて妖精も要求する」）が変形した
形。1 世紀ごろに、象に乗って中国（当時の後漢）軍と戦ったとされる英雄姉妹、徴姉妹（Hai bà
Trưng）と象（voi）がくっついたようです。

Toang rồi.
トアン　ゾーイ

やばい、まずい、困った。
※やや悪い意味で使われます。

枯渇する　言葉

Cạn lời.
カッ　ローイ

何も言えない、困った状況だ。
※主にネットで使われます。

若者がよく使うとされる略語（2020年時点）

Unit 68でも説明した通り、ベトナムでは略語が広まっています。若者が好んで使うものはより難しい言葉が多いです。

略語	正式な言葉	意味
COCC セーオーセーセー	con ông cháu cha コン オン チャウ チャ	権力者や富豪の子息
GATO ガーアーテーオー	ghen ăn tức ở ゲーン アン トゥック オォ	嫉妬する
ATSM アーテーエスィエモー	ảo tưởng sức mạnh アオ トゥオン スック マインッ	見栄っ張り

例文 （ネット上の書き言葉なので読みは書きません）

嫉妬は汚い性質だ。

GATO （は） 性質 汚い
GATO là tính bẩn.

あいつは金持ちの息子だよ。

彼 （は） 文末詞
Anh ta là COCC mà.

君が見栄っ張りだからだよ。

見栄っ張り 文末詞
Do bạn ATSM đấy.

若者言葉に関連する単語

SNS	mạng xã hội	ビデオ通話	cuộc gọi video
メッセージ	nhắn tin【忍信】	履歴	lịch sử / lí lịch
受信トレイ	hộp thư	既読	đã đọc
いいね	Thích (= Like)	未読	chưa đọc
友達申請	yêu cầu kết bạn	お気に入り	yêu thích
シェア	chia sẻ	設定する	cài đặt

空耳学習法

　誰が言ったか知らないが、言われてみれば確かに聞こえる…。有名なタレントの深夜番組で「空耳アワー」というものがありました。全く別の言語なのに、日本語のように聞こえてしまう。ベトナム語にもそんなフレーズがあるんです！

単語編　※空耳＝どういう風に聞こえるか

ベトナム語	空耳	意味
khách sạn カック サンッ	格さん（水戸黄門）	ホテル
so sánh ソー サインッ	総裁	比べる
cơ sở hạ tầng コー ソォ ハッ タン	構想破綻	インフラ
công bằng コン バン	今晩	公平
hình như ヒン ニュー	貧乳	〜のようだ
mặt trăng マット チャン	松（まっ）ちゃん	お月様
đãi ngộ ダイ ンゴッ	大悟（だいご）	待遇
đồ ăn ドー アン	堂安（どうあん）	食料品
chắc chắn チャゥ チャン	チャコちゃん	確かに、きっと
khí hậu ヒー ホウッ	悲報／秘宝	気候
trả lại チャー ライッ	ちゃらい	返却する
nhờ ニョウ	尿	〜のおかげで
bồ câu ボー コウ	膀胱（ぼうこう）	ハト
cầu lông コウ ロン	口論	バドミントン

フレーズ編

ベトナム語	空耳	意味
Lúc bán xăng xe ルック バン サン セー	ルパン３世	車用ガソリンを売る時
Hãy cẩn thận ハイ カァン タンッ	はい、簡単	気をつけてね
Đã mất thẻ ダァ マット テェ	黙って	カードをなくした
Một tai này モット タイ ナイ	もったいない	この耳
Bản đồ này バン ドー ナイ	板東ない	この地図
Con đò sang コン ドー サン	近藤さん	船が来る
Con khỉ này コン キー ナイ	根気ない	この猿

似たような発音の単語を「空耳」で学ぶ

　ベトナム語には日本人からすれば発音がほぼ同じ単語だらけです。それを一つの文章に入れることで違いを意識しながら学ぶ学習法です。

※文法的に多少おかしいところはありますが、発音を学ぶことが目的です。

ばあちゃん　売る　３つ　机　　友達　忙しい
Bà　bán ba bàn, bạn bận.
　バー　　バァーン バー バァーン　バンッ　　バッ

（ばあちゃんが机を３つ忙しい友達に売る）

 後に 6 時 なし 問題
Sau sáu giờ không sao?
　サウ　サーウ　ゾー　　コホン　　サオ

（６時以降なら大丈夫？）

☆「空耳」学習法の注意点

記憶は様々な情報が結びついて、より明確に脳に残ります。バカバカしいと思わずに、遊び心を持って「空耳」を探してみて下さい。きっと語彙を増やす上で大きなプラスになるはずです。

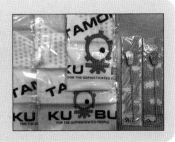

IT 学習法

　語学習得は IT のおかげではるかに楽になりました。IT を使いこなせるかどうかは語学習得の肝です。上達のスピードが何倍も速くなります。

〈おことわり〉ここで紹介するサイトやアプリは筆者の実体験に基づき、2020 年 12 月時点の情報に基づいて記載しています。あくまでも、ご自身の判断・責任で利用ください。IT は日進月歩ですので、有料になったり、サービス内容が変わったりすることもあります。サイトやアプリの利用によって何らかのトラブル、損害が生じても筆者は責任を負いかねます。

IT 活用その① 　翻訳・辞書サイト

■ Google 翻訳

　翻訳サイト。ざっくり訳すのに最適だが、間違いも多いので注意。日本語から訳すと、おかしな訳になることが多く、文法構造が近い英語からベトナム語に訳した方がいい。予測変換が優れているので、記号なしの「なんちゃってベトナム語」でも認識してくれるのは便利。

■ Từ điển ABC

　日本語、英語、ベトナム語に対応した辞書サイト。例文が豊富。予測変換はあるものの、きちんとしたベトナム語を入力しないとダメ。

■ Mazii

　日本語、英語、ベトナム語に対応した辞書サイト。視聴者が単語の訳が正しいかどうかを投票するようになっており、正しい単語を探しやすい。

IT 活用その② 　漢越語（chữ nôm）検索サイト

■ Chu Nom.org

　ベトナム語の 6 〜 7 割を占める「漢越語」を調べられる。
アルファベット表記の前のベトナム語の表記がわかる。
暗記が楽になり、単語力を高める上でとても便利。

IT 活用その③ 　アプリ

■ jdict（辞書）

　日越辞典。単語数が多く、例文も比較的豊富。不正確な翻訳がたまに見受けられるのでダブルチェックが必要。記号なしベトナム語でも予測変換してくれる。

■ CJKI 越日辞典（辞書）

　日越辞典。筆者が唯一使っている有料の辞書アプリ。訳が最も正確。ただ、単語数が少なく、南部方言が多い印象がある。記号なしベトナム語でも予測変換する。

■ Duolingo（学習）

　世界約 60 カ国の言語が学べるアプリ。母国語が選べるので、筆者はベトナム語を英語で学んでいる（誤訳が少ないことに加え、英語も同時に学べる）。テスト形式で様々な問題が学べ、native の発音も聞ける。学習効果がとても高い。

IT活用その④　YouTube　※ 2020年12月時点

■ rakuraku　Vietnam

文法、発音などテーマごとにとても分かりやすく教えてくれる。論理的に学びたい人向け。語学学校に行ったような効果が得られるはず。

■ aNcari Room

出演する日本人アカリさんの南部ベトナム語が流ちょうで感動もの。日越英の3カ国語の字幕があるので、ベトナム語はもちろん、言葉のニュアンスも把握しやすい。

■ ベトナムくん Nhật Bản

日本人ベトナムくんによるベトナム人向けチャンネル。日本ロケが多く、日本語メインだが、ベトナム語の字幕が秀逸。番組として面白いので楽しみながら学べる。

■ 旅するフォー／ Trái tim chàng trai Nhật【KiKi.jp】

ハノイ在住の日本人男性 KiKi さんのチャンネル。旅行したり、デートしたりと企画モノが多く、とても面白い。現地のベトナム人の生の会話が字幕付きで読める。ベトナム人向けチャンネルも勉強になる。

■ HOCTV

ハノイ在住の元警察官の日本人男性、学さんのベトナム人向けチャンネル。会話はほぼ日本語で、ベトナム語字幕が出る。筆者は字幕に合わせて発音する練習をしています。

現地でベトナム人にインタビューする KiKi さん。

流ちょうな南部ベトナム語を話すアカリさん㊨とベトナム語の有名な歌を日本語で歌うベトナムくん㊧

ベトナム語→日本語

(1-4章の主要単語を収録しています。アルファベットは p. 12 参照)

O

213

日本語→ベトナム語

（1-4 章の主要単語を収録しています）

お

す

て

と

な

に

ひ

初心者から使える

超実践的ベトナム語基本フレーズ

2021 年 3 月 30 日　初版第 1 刷発行

著者	富山篤
発行人	天谷修身
編集担当	影山洋子
ベトナム語校閲	TS. Nguyễn Thị Ái Tiên
イラスト	矢井さとみ、パント大吉
装丁・本文デザイン	岡崎裕樹
録音協力	富山篤
ナレーション	Nguyễn Thị Hằng、Đoàn Trọng Sơn、夏目ふみよ
録音・編集	安澤義明／塚田雄一郎（アスク出版）
発行	株式会社アスク出版
	〒162-8558　東京都新宿区下宮比町 2-6
	電話：03-3267-6864
	FAX: 03-3267-6867
	URL: https://www.ask-books.com/
DTP・印刷製本	萩原印刷株式会社

ISBN978-4-86639-379-7
ユーザーサポート　03-3267-6500（土日祝日を除く　10:00-12:00　13:00-17:00）
Printed in Japan